칼 세이건은 『코스모스』의 첫머리를 "코스모스를 정관靜觀하노라면 깊은 울림을 가슴으로 느낄 수 있다"는 말로 시작한다. 고도로 문명화된 세상에 살고 있지만 우리는 깊이와 높음의 세계를 잃은 탓에 내적 빈곤에 시달린다. 리처드 포스터는 북미 선주민 부족인 라코타족의 열두 가지 기초 덕목을 기반으로 하여 우리를 저 깊음의 세계로 안내한다. 그 길을 따라 걷노라면 성서의 가르침은 물론이고 순례자로 살았던 수많은 이들의 흔적과 만나게 된다. 그들과 두런두런 이야기를 나누며 영적인 등정을 하는 동안 우리를 사로잡았던 우울함과 어둠은 스러지고, 내적 고요함이 찾아온다. 리처드 포스터는 독자들을 가르치려 하지 않는다. 구도자의 정체성을 품고, 진지하게 모색하며 결단하고 실천하는 과정을 담담하게 보여 준다. 겸손은 그 길에 접어든 이들에게 입혀진 흰옷이다. 욕망의 벌판을 달리느라 거칠어진 호흡을 고르고 이 영적인 여정에 동참한다면 조금은 나은 사람이 될 수 있을 것이다.

김기석 청파교회 원로목사

리처드 포스터는 지난 40여 년간 복음주의권 독자들이 2천 년 기독교 영성 전통의 풍요로운 젖줄을 대어 영성 생활을 향유하도록 도와 온 탁월한 작가다. 그는 드넓은 기독교 영성 전통 앞에서 겸손했고, 이 책에서 보여 주듯 라코타족 같은 원주민들의 지혜 앞에서도 겸손했다. 이 책은 개인적 일기 형식으로 '겸손'이라는 고전적 영성 덕목을 생생하게 되살려 낸 1년간의 영성 순례기다. 1년을 들여 묵상하고 훈련하기에 겸손보다 더 좋은 주제가 있을까! 지난 2천 년 영성가들이 탐험한 겸손이라는 드넓은 대지를 걷기에, 리처드 포스터보다 더 신뢰할 만한 안내자가 또 있을까!

이종태 서울여대 교목실장

리처드 포스터의 또 다른 고전이 될 이 책은 재능이 뛰어난 작가의 선물이다. 이 책에서 우리는 콜로라도의 등산로만 아니라 영혼의 지형을 그와 함께 걷는다. 리처드는 옛것과 새것을 곳간에서 내오는 천국의 참된 서기관이다(마 13:52). 그가 인용하는 현자들의 폭과 깊이는 방대하여 베드로와 바울, 에바그리우스와 줄리안, 추장 조셉과 언더힐, 켈리와 로, 머리와 현대 작가들을 망라한다. 라코타족의 13개월 달력을 골격으로, 그 안에 예배와 기도를 듬뿍 담아낸 이 책은 내 안에 겸손히 살고픈 갈망의 불씨를 지펴 주었다. 리처드는 힘든 일을 갈망하게 하는 독특한 재주가 있다. 겸손 같은 덕목이 값진 진주여서 전 재산을 주고 얻어도 아깝지 않음을 보여 준다. 흡인력과 통찰력을 겸비한 이 보석 같은 책을 읽은 덕분에 나는 더 나은 사람이 되었다.

제임스 브라이언 스미스 미국 프렌즈 대학교 신학 교수, 『선하고 아름다운 하나님』 저자

리처드 포스터가 보여 주는 겸손은 불가능한 모습을 애써 흉내 내야 하는 부담스러운 덕목이 아니라 하나님의 선하심에 집중하는 존재 양식이다. 그럴 때 마음은 자연스럽게 넉넉해지고, 매사에 노심초사하지 않으며, 더 초연해진다. 놓쳐서는 안 될 책이다!

잰 존슨 달라스 윌라드 사역 재단 대표, *Abundant Simplicity* 저자

겸손은 우리 그리스도인에게 꼭 필요하면서도 사뭇 알쏭달쏭한 주제다. 겸손과 굴욕, 자중자애自重自愛와 자화자찬, 건강한 자존감과 교만의 죄 등이 종이 한 장 차이라서 그렇다. 포스터는 그 구분을 찾아내 멋지게 그 길로 행한다. 겸손이란 우리가 직접 얻으려 애쓰는 게 아니라 "간접적으로 다가갈 문제다. 그냥 어떤 것들에 힘쓰다 보면 그것이 하나님의 때에 하나님의 방식으로 우리를 겸손의 덕목에 이르게 한다"라는 개념이 엄청난 희망을 준다. 그것만으로도 책값이 아깝지 않다.

루스 헤일리 바턴 Transforming Center 설립자, 『영적 성장을 위한 발돋움』 저자

이 책은 겸손의 길을 찾으면서 안내하는 리처드 포스터의 순례 여정이다. 잔잔한 정적인 이야기 속에 라코타족의 지혜와 그리스도와 그분을 따르는 이들의 낮은 길이 한데 어우러져, 겸손의 동적인 비전을 밝혀 준다. 자아가 과열되어 끝없이 자아에 몰두하는 이 시대에 포스터는 겸손을 통한 더 깊은 소통을 시원한 물로 내놓는다. 혼미해진 우리에게 겸손을 통해 명징함에 이르는 느리고도 반가운 과정을 보여 준다. 내가 찾던 책이다. 두고두고 다시 읽으며 내 영혼이 갈망하는 이 낮은 길을 배워야겠다.

레이시 핀 보르고 『어린이와 영적 대화』, *All Will Be Well* 저자

이번 최신작에서 리처드 포스터는 자신의 일기장을 펼쳐, 기본적이고도 반문화적인 기독교 덕목을 기르려 한 1년간의 '기도 실험'을 우리에게 보여 준다. 우리를 변화시키시는 성령의 역사에 협력할 수 있는 길을 그는 솔직한 매력과 겸손히 배우는 자세로 고민하고 씨름하고 모색하고 고백하고 실천한다. 교만해지려는 자신의 유혹을 주시하고 거명하면서 가만히 거울을 들어 올려, 우리 또한 각자의 유혹을 주시하고 거명하게 한다. 노련한 멘토인 포스터가 일깨우는 대로, 우리의 사명은 평생 걸리는 은혜의 느린 작업에 보조를 맞추면서 예수님의 겸손한 십자가의 길을 수용하고 구현하는 것이다. 세심한 도전으로 영혼을 넓혀 주는 책이다.

샤론 갈로우 브라운 Abiding Way Ministries 공동 설립자, *Sensible Shoes Series* 저자

돈 미겔 루이스가 톨텍족 원주민의 렌즈로 본 네 가지 약속을 세상에 전한 것처럼, 리처드 포스터는 북미 원주민 라코타족의 렌즈를 생생하고 신선한 관점으로 새롭게 제시한다. 우리에게는 이런 다양한 렌즈가 필요하다. 리처드가 1년간 실험한 이 책의 훈련을 나도 함께 경축한다. 고맙게도 그는 환대의 말로 우리에게 하나님과 함께하는 가장 폭넓은 삶을 새롭게 보게 하고, 겸손히 거기에 마음을 열게 한다. 우리 시대를 향한 리처드의 참신한 어법은 실로 요긴한 덕목을 일깨워 영혼에 깊은 만족을 준다.

화니타 캠블 래스머스 영성 지도자, *Learning to Be* 저자

겸손을
배우다

IVP(InterVarsity Press)는
캠퍼스와 세상 속의 하나님 나라 운동을 지향하는
IVF(InterVarsity Christian Fellowship)의 출판부로
생각하는 그리스도인을 위한 문서 운동을 실천합니다.

Originally published in English under the title:
Learning Humility
Copyright ⓒ 2022 by Richard J. Foster, LLC,
Published by InterVarsity Press,
430 Plaza Drive, Downers Grove, IL 60559, USA. www.ivpress.com.
All rights reserved.

This Korean translation edition ⓒ 2025 by Korea InterVarsity Press
156-10 Donggyo-ro, Mapo-gu, Seoul 04031, Republic of Korea.

겸손을 배우다

Learning

리처드 포스터의 마지막 수업

리처드 포스터 | 윤종석 옮김

Humility

Ivp

내게 가장 소중한 캐롤린에게

56년 전 우리가 처음 만나던 그때 당신은 내 마음을 훔쳤고,

나는 그렇게 도둑맞은 것을 평생 후회한 적이 없소. 지난 세월 우리는

온갖 희로애락을 겪으며 때로는 원치 않는 곳을 지나기도 했는데,

특히 암으로 투병하던 기간이 그랬소. 그래도 우리는 좋을 때나

궂을 때나 늘 함께 헤쳐 나왔소.

나의 첫 책 『영적 훈련과 성장』을 당신에게 헌정했듯이

(아마도 마지막이 될) 이 책도 당신에게 헌정하오.

사랑하는 캐롤린, 말로 다할 수 없을 만큼 당신을 사랑하오.

당신의 영원한 남편,

― 리처드

차례

들어가는 말 •13

1부 ◐ 겨울—와니예두

1. 땅이 굳어지는 달 •19
2. 추위에 나무가 부러지는 달 — 겸손 •33
3. 눈이 아픈 달 — 인내 •45

춥고 어두운 석 달

2부 ◐ 봄—웨두

4. 오리가 돌아오는 달 — 존중 •63
5. 몸이 불어나는 달 — 명예 •83
6. 푸른 잎이 돋는 달 — 사랑 •97

소생과 성장의 석 달

3부 ○ 여름 — 블로케두

7 열매가 익는 달 — 희생 •113
8 버찌가 검어지는 달 — 진실 •127
9 수확의 달 — 연민 •143

따뜻한 석 달

4부 ○ 가을 — 프단예두

10 갈색 잎으로 물드는 달 — 용기 •159
11 바람에 잎이 지는 달 — 끈기 •175
12 사슴이 발정하는 달 — 아량 •189
13 사슴뿔이 떨어지는 달 — 지혜 •207

변화의 넉 달

맺는말 •223   감사의 말 •227
더 읽을 책 •231   주 •237

들어가는 말

새해 전야 — 하나님의 감화

오늘 밤 나는 새해 결심에 대해 곰곰 생각했다. 이번 새해에 내게 그런 결심이 필요할까? 사실 나는 자신을 개선하려는 이런 시도를 싫어한다. 대부분 인간이 주도하는 노력에 불과한 데다 대개 작심삼일로 끝나기 때문이다. 그런데 생각하는 중에 어떤 감화가 느껴졌다. 하나님이 주시는 감화일지도 몰랐다. 그것은 내게 두 단어로 다가왔다. "겸손을 배우라."

흠, 새해에는 공부와 체험을 통해 겸손을 배우는 데 주력해야 할까? 겸손은 성경도 신앙 스승들도 최우선으로 꼽는 덕목이다.

하지만 오늘날에는 대수롭지 않게 여겨지는 덕목이다.

1년 동안 내 관찰과 묵상을 일기로 기록할 수도 있을 것이다. 나는 일기를 꾸준히 쓰는 편은 못 된다. 쓰다 만 일기장이 책장에 여남은 권은 될 것이다. 그래도 지금부터 일이 어떻게 전개될지 보고 싶다.

새해 첫날—라코타족 달력

겸손을 주제로 한 글을 써야겠다는 생각이 자꾸 다가든다. 이 프로젝트를 1년이라는 틀에 맞출 거라면 1월, 2월 등의 전통적 달 이름보다는 아메리카 원주민의 달력 중 하나를 따르고 싶다. 그들의 달력은 일부러 자연계에 뿌리를 둔 것이라서 오늘날의 산만하고 들쑥날쑥한 사회의 리듬에서 벗어나기에 딱 좋다.

아메리카 원주민의 달력마다 다 장점이 있으나 내가 제일 좋아하는 것은 라코타족의 음력이다. 특히 대지와 밀접하게 맞물려 있어서 좋다. 라틴/그레고리 달력과 라코타족 달력의 두 가지 차이를 알아 두면 좋다. 가장 두드러진 차이는 우리에게 익숙한 라틴/그레고리 역년의 12개월과 달리 라코타족의 한 해는 (28일 단위의) 13개월로 나뉜다는 것이다. 따라서 우리가 아는 열두 달에 (정확하지는 않지만) 대략 상응한다. 둘째로 라코타족 달력은 (대부분의 아메리카 원주민 달력처럼) 봄부터 시작된다. 동식물의 새 생명이 태동하는 봄이 새해의 시작을 상징하기 때문이다. 그래도 나는 얼추 라틴/그레고리 달력의 1월에 해당하는 겨울의 '땅이 굳어지는 달'(쌓인 눈이 땅을 단단하게 한다는 뜻에서 붙은 이름—옮긴이)부터 시작할 것이다. 겸손이라는 주제를 공부하려는 생각이 내게 처음 든 때도 그즈음이다.

라코타족은 미국 북부의 평원 부족이다. 내게 오지브와족의 피가 섞여 있긴 하지만(내가 태어나기 전에 돌아가신 친할머니가 아메리카 원주민으로, 일명 치페와족인 오지브와족이며 그들 스스로는 아니쉬나베라고 부른다) 내게 가장 매력적인 달력은 라코타족의 것이다. 이 달력을 낳은 문화를 더 배우면 몇 가지 흥미로운 통찰이 나올지도 모른다. 현대 문화는 어떻게든 인간 사회를 더 많고 효과적인 성취로 몰아가려 하지만, 창조 세계를 외경하는 아메리카 원주민 문화는 이와 대조적이다.

1부

춥고 어두운 석 달

겨울
———
와니예두

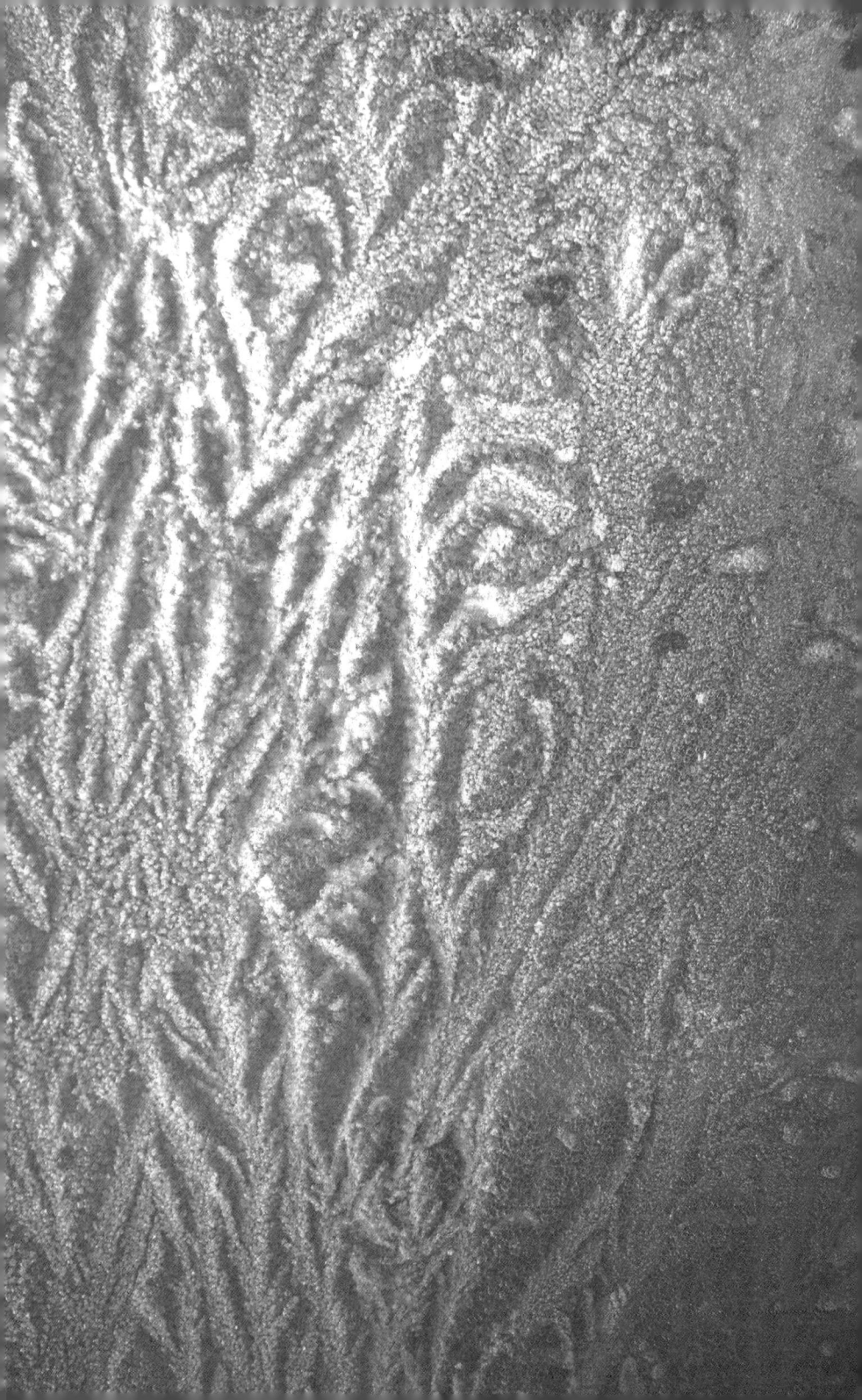

1. 땅이 굳어지는 달

◐ 1월 1일-28일

> 나는 마음이 온유하고 겸손하니
> 나의 멍에를 메고 내게 배우라,
> 그리하면 너희 마음이 쉼을 얻으리니.
>
> **예수(마태복음 11:29)**

> 그리스도는 이렇게 하나님 앞에서 낮아져
> 늘 하나님을 앞세우셨으므로 사람들 앞에서도 낮아져
> 모두의 종이 되실 수 있었다.
>
> **앤드루 머리** Andrew Murray

◯ 첫째 주

구조적 모순인가?

아름답고 추운 아침이다. 온종일 눈이 올 거라는 기상청의 예보가 있어 따뜻한 불을 피운다. 그리고 오늘은 집 안에 있기로 한다.

어느덧 오후의 중턱에 접어든 지금, 분명히 아내는 우편물을 우편함에 밤새 두면 불안해할 것이다. 우리가 사는 이 시골에 우편물 절도가 실제로 발생한다. 지금 내가 우편물을 수거하면 오늘 밤 아내가 더 편히 쉴 것이다. 우리 집 우편함은 800미터쯤 떨어진 큰길가에 있는데 이렇게 눈이 오니 운전은 어렵겠다(현재도 족히 18센티미터는 쌓였으니 금방 25센티미터나 어쩌면 30센티미터도 넘을 것이다). 그래서 나는 걸어가서 우편물을 가져오기로 한다. 이 사소한 일이 내게는 겸손의 작은 행위가 될 수 있지 않을까 하는 생각도 든다. 옷을 겹쳐 입고 등산용 지팡이를 꺼내 집을 나선다.

도로에 자동차가 한 대도 없고, 제설차도 아직 지나가기 전이다. 우편물을 꺼낸 나는 집에 돌아갈 때는 도로를 버리고 숲속을 가로지르기로 한다. 이 길은 더 어렵다. 눈이 생각보다 더 질퍽거리고 깊다. 눈신이라도 신고 나올걸.

고요한 숲속에서 나의 겸손 프로젝트에 대해 조금 묵상해 본다. 이 일기장이 언젠가는 공개될 수도 있음을 안다. 하필 이 주제를 나중에 다른 사람들이 읽을 수도 있음을 알고서 쓰다니, 위험이 내재된 일이다. 구조적 모순이라 할까. 일단 이 문제를 주님 앞에 가져가야겠다.

천천히 읽기

오늘은 『무지의 구름』The Cloud of Unknowing, 키아츠이 생각난다. 내 기억에 겸손이라는 주제에 두세 장이 할애되었던 것 같다. 그 부분을 찾아내서 무엇을 배울 수 있을지 봐야겠다. 『무지의 구름』은 아주 천천히 읽으면서 어느 대목이든 진득하게 되새겨야 하는 책이다. 그런데 과거에 그 책을 들춰 볼 때면 일부만 대충 훑어보고는 나중에 혼란에 빠지곤 했고, 심지어 내게 가르쳐 줄 게 없는 책이라고 교만하게 예단하기까지 했다. 그러니 이번에는 잊지 말고 천천히, 아주 천천히 진행해야 한다.

최고의 시금석

성경에 겸손에 대한 본문이 많지만 최고의 시금석은 예수님의 모본일 수밖에 없다. 바울이 이를 아주 잘 묘사했으니 전부 인용하는 게 좋겠다.

> 너희 안에 이 마음을 품으라. 곧 그리스도 예수의 마음이니
> 그는 근본 하나님의 본체시나
> 하나님과 동등됨을
> 취할 것으로 여기지 아니하시고
> 오히려 자기를 비워
> 종의 형체를 가지사
> 사람들과 같이 되셨고
> 사람의 모양으로 나타나사

자기를 **낮추시고**

죽기까지 복종하셨으니

곧 십자가에 죽으심이라. (빌 2:5-8, 저자 강조)

예수님을 일단 겸손을 이해하기 위한 시금석으로 생각하면, 보다시피 거기에 모든 것이 다 있다.

- 힘. 용기. 능력.
- 군림하지 않음. 이기적인 교만이 없음. 쉽고 만만한 일이 아님.

하나님의 모형

예수님의 생애를 묵상하노라면 겸손의 화신을 볼 수 있다.

- 외진 마을에서 누추하게 태어나셨다.
- 초야에 묻혀 조용히 성장하셨다.
- "짓밟힘과 침 뱉음과 배신을 당한 이들"(사이먼 앤 가펑클 Simon & Garfunkel 의 노래 "복"Blessed의 가사—옮긴이)에게 고결한 가르침을 주셨다.
- 열두 제자를 신분이나 지위나 직함에 관계없이 택하셨다.
- 엄청난 주목을 끌 수밖에 없는 신기한 기적을 행하셨지만, 잘 보면 그분은 조종과 통제와 군림 없이 이 모든 명성에 대처하셨다.
- 예루살렘에 입성하실 때 나귀를 빌려 타셨고, 최후의 만찬에 쓸 방도 빌리셨다.
- 사이비 재판과 유죄 선고가 진행되는 동안 절제된 침묵으로 일관하

셨다.
- 온 세상의 죄로 인한 고난을 특단의 용기로 감수하셨다. 이것이야말로 겸손의 최고 모본이 아닐 수 없다.
- 버림받으시고 "엘리 엘리 라마 사박다니" 곧 "나의 하나님, 나의 하나님, 어찌하여 나를 버리셨나이까"라고 부르짖으셨다.
- "다 이루었다"라고 겸손한 승리를 외치셨다.

이 모두를 보며 내가 점차 깨닫는 게 있다. 겸손의 모든 동사 활용에서 예수님은 과연 하나님의 모형이시다.

겸손에 대한 다른 많은 성경 본문도 함께 읽고 있는데, 깊이 생각할 점이 아주 많다! 성경의 증언을 더 흠뻑 흡수하려면 혼자만의 피정이 필요할 것 같다.

이 작은 사랑의 행위

『무지의 구름』에서 겸손과 관련된 부분을 찾아냈다. 13장부터 15장까지 주로 석 장인데, 앞으로 한두 주 정도 거기에 머물면서 배워야겠다. 특히 마음에 와닿는 말이 있다. 사랑의 관상觀想을 겸손과 연결시키는 이 진술은 25장에 나온다. "앞서 말했듯이 관상이라는 이 작은 사랑의 행위에는 다른 모든 덕목과 아울러 겸손과 자비가 담겨 있다."[1] 한동안 이 말을 되새겨야겠다.

세 가지 인상적인 점

『무지의 구름』을 몇 년 만에 다시 보니 즉시 세 가지가 인상적으로 다가온다.

첫째, 자신을 내세우지 않는 저자의 청량한 아름다움이 인상적이다. 오늘날에는 작가의 플랫폼 규모와 인기 수위와 언론 노출 빈도에 비하면 필력이나 실제로 할 말이 있는지 여부는 별로 중요하지 않은 것 같다. 정말 **진저리가 날** 정도다. 어법으로 보아 『무지의 구름』의 저자는 설득력 있게 독자를 끌어들이는 사람이다. 그런데도 여태 이 저자의 정체를 밝히려던 학자들의 모든 노력은 수포로 돌아갔다. 그것이 바로 이 무명작가가 바라던 바가 아닐까 하는 생각이 든다.

우리 시대의 딜레마에 대한 답은 나도 모르지만, 인간의 칭찬에 완전히 초연한 이 저자의 자유가 신선하게 다가온다. 저자가 무명인이라는 사실 자체가 어쩌면 중요한 교훈인지도 모른다. 관심의 초점은 그리스도여야 하고 그분을 따르는 이들은 주제넘지 않게 더 너그럽고 겸손해져야 한다는 교훈 말이다. 자아에 도취된 우리 문화에 이런 가르침이 어떻게 비추어질까?

둘째, 『무지의 구름』의 메시지가 아주 역동적이고 우리 시대에 딱 맞게 느껴져서 인상적이다. 한 가지 확실히 알려진 세부 사항은 이 무명작가가 역시 우리에게는 익명인 스물네 살의 한 젊은이를 상대로 이 책을 썼다는 것이다. 그래서 밀레니얼 세대의 심적 욕구와도 잘 통한다! 피상적인 현대 문화를 벗어나고 싶은 이십 대 청년을 위한 탁월한 자원이 여기에 있다.

셋째, 이 책에 담긴 온유한 지혜가 인상적이다. 책 전체가 그렇지만 저자가 겸손이라는 주제를 다루는 대목에서 특히 더하다. 지혜와 겸손은 어떻게 연결될까? 나도 모른다. 그냥 궁금해진다. 앞으로 차차 알아보고 싶다.

셋째 주

지독히도 녹슨 죄

『무지의 구름』이 지도해 주는 겸손은 절박하리만치 실제적이며 목양으로 점철되어 있다. 우선 단순하면서도 심오한 정의부터 나온다. "겸손이란 자신을 있는 그대로 보는 것이다. 아주 단순하다."[2] 내 생각도 그와 같다. "정말 단순하다."

영어 단어 **겸손**humility은 '접지된, 땅에서'를 뜻하는 라틴어의 *humilitas*에서 유래했다. 영어의 *humus*라는 단어는 지금도 '땅, 흙'이라는 뜻이다. 그래서 겸손은 우리를 도로 흙에 데려다 놓는다. 겸손은 자신을 실제보다 높게 생각하지도 않고 실제보다 낮게 생각하지도 않는다. 교만이나 자만심도 없고, 자신을 비하하거나 스스로 못났다고 느끼지도 않는다. 실제의 자신을 정확하게 평가할 뿐이다. 자신의 강점과 능력을 그대로 본다. 물론 약점과 결함도 본다.

『무지의 구름』은 바로 거기로 우리의 주의를 돌린다. 아리스토텔레스의 책을 읽었는지는 몰라도 이 무명작가는 자신을 아는 가치를 명확히 이해했다. 그래서 이렇게 덧붙인다. "겸손의 덕목을 얻고 지키는 유일한 길은 자신을 아는 것이다. 그 일에 많은 수고가 따른다 해서 꽁무니를 빼지 말라. 자신을 알아 가라. 물론 아주 힘든 일이지만 그래도 감수하라. 그러면 하나님을 실제의 그분으로 경험하게 된다. 그분을 완전히 알게 된다는 말이 아니다. 다만 자신이 죽을 수밖에 없는 인간임을 더 잘 알면, 영혼이 겸손해져서 하나님을 이 땅에서 가능한 만큼은 최대한 온전히 알게 된다."[3]

그렇다면 우리는 어떻게 자신을 알 수 있을까? 『무지의 구름』은 "성찰"이 우리 자신의 실상을 아는 최선의 길이라고 가르친다. 이 무명작가는 아주 겸손한 자세로 말한다. "고백컨대 죄를 꾸준히 짓는 이들(나도 그랬고 지금도 그렇다)에게 이런 성찰이 필요하다. 지독히도 녹슨 죄가 벗겨져 나갈 때까지 우리는 자신의 죄성과 이전의 실수를 떠올리며 겸손해져야 한다."[4]

『무지의 구름』은 자신을 아는 것이 중요하다고 강조하면서도 그것만으로는 "불완전한 겸손"이라는 단서를 붙인다. 저자의 요지인즉 자신을 최대한 온전히 아는 데 집중하는 동안은 여전히 초점이 자아라는 것이다.

"불완전한 겸손"에서 "완전한 겸손"으로 넘어가려면 하나님의 은혜에 힘입어 우리 자신에게서 오직 하나님께로만 돌아서야 한다. 저자는 "더 겸손해지는 최선의 길은 자신의 약점을 돌아보는 게 아니라 하나님의 선하심과 사랑을 떠올리는 것이다. '완전한' 겸손은 하나님의 선하심과 차고 넘치는 사랑을 경험할 때 찾아온다"라고 썼다.[5]

그러면서 이 무명작가가 냉엄하게 부연하는 말이 있다. 현세에서는 "완전한 겸손"이 거의 덧없는 한순간의 경험이라는 것이다. 거기에 이르려면 "순결한 마음속의 은밀한 사랑으로 하나님과 우리 사이의 무지의 먹구름을 은혜에 힘입어 몰아내야 한다."[6] 비록 그것이 "덧없는" 경험일지라도 우리의 상담자인 저자는 이렇게 격려해 준다. "완전한 겸손을 인식할 수 있으면 좋다. 그러면 마음속에 그것을 사랑의 한 징후로 세워 둘 수 있다. 그게 목표가 되는 것이다. 완전한 겸손을 의식하기만 해도 더 겸손해지는 데 도움이 되리라 믿는다."[7]

쇠렌 키르케고르

쇠렌 키르케고르가 『일기』*Journal*에 쓴 말이 기억난다. "이제 나는 하나님의 도움으로 나 자신이 되리라." 내 생각에 이는 겸손에 대한 『무지의 구름』의 가르침과 잘 맞아 든다.

단순한 기도

최근 며칠 동안 내 의식의 안팎을 떠도는 단순한 기도가 있다. 매번 문구가 정확하지 않았으므로, 글로 써 보면 내면의 갈망을 더 잘 표현할 수 있겠다는 생각이 든다.

> 사랑의 주 예수님, 겸손히 구하오니
> 제 마음을 정결하게 하시고,
> 제 생각을 새롭게 하시고,
> 제 상상을 거룩하게 하시고,
> 제 영혼을 넓혀 주소서.
> 아멘.

1. 땅이 굳어지는 달

한동안 이 기도에 머무르는 것도 좋겠다.

인간 쪽과 하나님 쪽

오늘은 그 작은 기도를 길동무 삼아 걸었다. 이 기도가 응답되려면 인간과 하나님이 양쪽에서 협력해야 한다고 느껴졌다.

인간 쪽에서는
- **마음의 정화**와 관련해서는 내가 주 예수 그리스도의 십자가를 애틋하게 **되새겨야** 한다. 내가 그분의 마음을 온 인류를 사랑해서 찢기신 상처로 **보아야** 한다. 내가 그 상한 마음으로 내게 부으시는 하나님의 사랑을 **느껴야** 한다.
- **생각의 쇄신**과 관련해서는 내가 무엇이든 참되고 경건하고 옳고 정결하고 사랑받을 만하고 칭찬받을 만한 것들을 **생각해야** 한다(빌 4:8). 항상은 못하더라도 할 수 있을 때마다 그래야 한다.
- **상상의 성화**와 관련해서는 내가 새 하늘과 새 땅, 새 예루살렘, 수정같이 맑은 생명수의 강, 강 좌우에 있어 그 잎사귀로 만국을 치유할 생명나무를 마음속에 **그려 보아야** 한다(계 21-22장). 그것을 상상하자! 계속은 아니어도 할 수 있을 때만이라도 마음속에 그려 보자.
- **영혼의 확장**과 관련해서는 내가 사람들을 **찾아내** 섬겨야 한다. 작은 일이든 큰일이든 할 수 있을 때마다 그래야 한다.

하나님 쪽에서는
- **마음의 정화**와 관련해서는 하나님만이 마음을 정결하게 하신다. 그

분만이 모든 비뚤어진 갈망을 바로잡으시고, 모든 어두운 구석에 빛
을 비추신다.

- **생각의 쇄신**과 관련해서는 하나님만이 생각을 훈련하여 성령 안에
서 의와 평강과 희락의 깊은 습성으로 빚어내신다(롬 14:17).
- **상상의 성화**와 관련해서는 하나님만이 천천히, 아주 천천히 모든 상
상을 선함과 진리와 아름다움의 맑은 시내로 흘러가게 하신다.
- **영혼의 확장**과 관련해서는 하나님만이 인간 하나하나가 다 무한히
소중한 존재임을 우리 마음과 생각과 상상의 심연에까지 속속들이
깨우쳐 주신다.

이어 내게 들려온 권위 있는 말씀은 하나님의 이런 속성을 잊지
말라는 것이었다.

- 그분은 신속히 용서해 주신다.
- 그분은 정성껏 치유해 주신다.
- 그분은 즐거이 회복해 주신다.

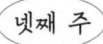
넷째 주

엘레나 페란테를 찾아서

지금 나는 라르가 주고 간 「디 애틀랜틱」 *The Atlantic* 지의 에세이 "엘레
나 페란테를 찾아서"를 읽고 있다.[8] 페란테는 자신의 정체가 글 속에

만 있다며 애써 정체를 숨기는 익명의 이탈리아 작가다. 흠, 익명은 숨은 겸손의 표출일까?

마음을 빼앗은 가사

오늘 아침 교회 예배에서 부른 행렬 찬송가(대개 성직자와 성가대가 십자가를 앞세우고 입장하는 예배 첫머리에 부르는 노래―옮긴이) "예부터 도움 되시고"의 마지막 절이 즉시 가슴에 와닿았다. 그 가사에 마음을 빼앗겨 다른 것은 거의 귀에 들어오지 않았고, 그래서 오늘 예배에서는 이 한 절에 집중해야겠다고 마음먹었다. 집에 있는 찬송가들에는 이 절이 빠져 있다.

> 세월이 흘러가듯이
> 인생은 떠나니
> 이 인생 백년 살아도
> 꿈결과 같도다.[9]

이것이 겸손과 무슨 관계가 있을까? 우리의 모든 '위대한 업적'을 이 가사가 제자리에 놓아 주는 것만은 분명하다! "이 인생 백년 살아도 꿈결과 같도다."

라코타족의 열두 가지 덕목

이왕 라코타족 달력을 이 일기의 골격으로 삼았으니 그 부족의 문화적 이상理想을 겸하여 생각해 보는 것도 유익하겠다는 생각이 든다.

라코타족의 열두 가지 덕목은 한 해의 묵상에 좋은 틀이 되어 준다.[10] 이제부터 열두 달 동안 매달 하나씩 살펴볼 그 덕목은 다음과 같다.

1. 땅이 굳어지는 달

2. 추위에 나무가 부러지는 달

◐ 1월 29일-2월 25일

겸손

여호와께서 네게 구하시는 것은
오직 정의를 행하며
인자를 사랑하며 겸손하게
네 하나님과 함께 행하는 것이 아니냐.

미가 6:8

모든 덕은 서로 맞물려 있다.
참으로 겸손한 사람은
또한 진실하고 용감하다.

배즐 페닝턴 Basil Pennington

> 첫째 주

으뜸가는 덕목

라코타족의 열두 가지 덕목 중 첫째는 '운시이치야피'^{Unsiiciyapi}, 즉 '겸손'이다. 정말이다. 내가 순서를 바꾼 게 아니다. 겸손이 열둘 중 으뜸가는 덕목이다. 이 덕목은 이렇게 설명된다. "삶과 특히 신앙 행로에서 첫째이자 가장 중요한 단계는 교만의 반대인 겸손이다. 영성에서 겸손의 단계를 건너뛰면 그 결과는 과대망상이다. 겸손은 다른 모든 덕의 기초다. 자신의 아량을 자랑하면 그때부터 아량의 격이 떨어진다."[1]

내가 보기에 이런 사상은 기독교적 관점에서 본 도덕적 삶과도 일맥상통한다.

이글거리는 장작불

오늘 아침부터 내리는 눈이 밤까지 온종일 내릴 거라고 한다. 차도로 나가는 통로에 내일까지는 제설의 기미가 없으니 나로서는 실내에서 일일 피정을 하기에 딱 좋은 날이다. 덕분에 겸손과 관련된 많은 성경 본문 중 일부를 묵상할 수 있었으면 좋겠다. 눈이 올 것에 대비해 이틀 전에 장작을 충분히 들여놓았다. 그래서 아래층 내 서재에 이글거리는 장작불을 피운 뒤 위층에 올라가 캐롤린에게 나의 일일 피정을 알렸다. 아내는 흔쾌히 나를 혼자 두고 (고맙게도) 소득세 문제에 몰두했다.

눈은 소리 없이 조용히 내린다. 바람 한 점 없으니 당연히 바깥 숲속도 온통 정적에 싸여 있다. 땅을 파헤쳐 풀을 뜯는 사슴 몇 마리가 서재 창밖으로 보인다. 등에 눈을 한 자락 입었건만 개의치 않는가 보다. 해가 저물면 기온이 영하 20도까지 떨어질 테지만, 아래층 전체가 장작불로 훈훈해져 아주 아늑하다. 방금 막 커피 한 잔을 들고 의자에 벽난로를 마주 보고 앉았다. 장작이 파열하면서 조금씩 탁탁 소리를 내지만 그 소리마저도 삼켜지는 듯하다. 커피잔이 빌 때까지 가만히 앉아서 겸손과 교만과 및 관련 주제들에 대한 여러 본문을 조용히 생각한다. 의문이 든다. 교만은 내 삶의 어디서 그 흉측한 고개를 쳐들까? 어떻게 하면 겸손한 마음을 더 온전히 가꿀 수 있을까? 그냥 정의를 행하며 인자를 사랑하며 겸손하게 하나님과 함께 행하는 법을 배울 수는 없을까?

피정을 마칠 즈음에는 머리에 쥐가 날 것 같아 러닝머신에서 운동을 조금 한다. 마음 같아서는 밖에 나가 있고 싶지만, 오늘 같은 날씨에 외출은 현명하지 못하다!

특별한 두 단어

그리스 철학 사상과 전통의 방대한 배경으로부터 신약에 흡수된 특별한 단어가 있다. 흔히 '덕'으로 번역되는 '아레테'*aretē*라는 단어다. 예컨대 사도 베드로는 어떻게 은혜 안에서 자라 가야 할지를 점진적 목록으로 제시할 때 그 단어를 썼다. "너희 믿음에 덕('아레테')을, 덕에 지식을, 지식에 절제를, 절제에 인내를, 인내에 경건을, 경건에 형제 우애를, 형제 우애에 사랑을 더하라"(벧후 1:5-7).

신약에 흡수된 또 다른 단어는 대개 '의'로 번역되는 '디카이오쉬네'*dikaiosynē*다. 이른바 산상수훈에서 예수님은 우리에게 "너희 의('디카이오쉬네')가 서기관과 바리새인보다 더 낫지 못하면 결코 천국에 들어가지 못하리라"라고 가르치신다(마 5:20). 사실은 두 단어 모두 똑같이 '잘 기능하다'라는 뜻이다. 플라톤은 '디카이오쉬네'를 즐겨 썼고 아리스토텔레스는 '아레테'를 썼다. 아리스토텔레스가 용어 싸움에서 이겨 오늘날에도 우리는 윤리적 행동이나 덕행을 이해하려는 활동을 '덕 윤리학'이라 칭한다.

이처럼 '아레테'의 의미를 '잘 기능하다'로 이해하는 것은 오늘의 우리에게 참으로 중요하다. 정상처럼 되어 버린 '역기능'에 우리가 너무도 익숙해졌기 때문이다. 정말 이제는 잘 기능하는 사람을 상상조차 하기 힘들어졌다!

덕의 개념은 그리스 철학과 특히 아리스토텔레스의『니코마코스 윤리학』*Nicomachean Ethics*, 현대지성에서 상당히 발달했다. 아리스토텔레스에게는 덕목의 종합 목록까지 있었는데, 흥미롭게도 겸손은 거기에 들어 있지 않다.

만 가지 덕목

'겸손'도 만 가지 덕목에 들어야 한다는 개념은 철저히 유대교와 기독교에서 기원했다. 그리스와 헬레니즘 세계에서는 '겸손'(그리스어로 '타페이노스'*tapeinos*)을 가치 있게 여기거나 갈망하지 않았다. 거의 예외 없이 겸손은 '하찮다, 비굴하다, 천하다'라는 경멸의 의미로 쓰였다. 게르하르트 킷텔Gerhard Kittel은 방대한『신약성서 신학사전』*Theological Dictionary of the New Testament*, 요단출판사에서 "그리스 관점의 겸손은 자유를 높

이고 복종을 얕본다. 그래서 그 관점은 '타페이노스'를 부정적인 의미로 한정한다"라고 썼다.²

그러나 예수님의 삶과 가르침은 겸손을 보는 관점을 완전히 바꾸어 놓았다. 그분은 "너희 중에 큰 자는 너희를 섬기는 자가 되어야 하리라. 누구든지 자기를 높이는 자는 낮아지고 누구든지 자기를 낮추는 자는 높아지리라"라고 선언하신다(마 23:11-12). 또 바울이 빌립보서 2장에 인용한 장엄한 찬송가에는 십자가에서 죽기까지 자신을 낮추신 예수님의 비범한 행동이 나온다. 신약의 저자들은 '타페이노스'를 34회 정도 썼는데 하나같이 다 긍정적인 의미다.

초기 기독교 학자들은 이처럼 완전히 달라진 의미를 수용하여 겸손을 '아레테' 즉 덕의 개념으로 분류했다. 예컨대 요한 카시아누스Joannes Cassianus는 겸손을 "모든 덕의 어머니요 여왕"이라 칭하면서,³ 당대 이교 관점의 덕과는 대조적으로 겸손은 "구주의 세심하고 고결한 선물"이라고 덧붙였다.

현대의 우리 문화는 고대 그리스와 헬레니즘 세계만큼이나 겸손을 부정적으로 본다. 따라서 겸손이 한없이 소중한 중심 덕목이라는 기독교의 증언은 1세기 때 못지않게 오늘날에도 문화에 역행한다.

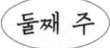

겸손은 다른 데서 온다

히포의 아우구스티누스는 겸손이 기독교 고유의 덕목이라고 역설한 대표적 신학자다. 그가 설명했듯이 에피쿠로스학파, 스토아학파, 플라톤 철학 등 당대의 여타 철학 전통에서는 겸손을 완전히 무시했다. 유명한 아리스토텔레스마저도 덕목 목록에 겸손을 넣지 않았다. 왜 그랬을까? 아우구스티누스의 답은 간단하다. "겸손은 다른 데서 온다. 지극히 높으신 분인데도 우리를 위해 기꺼이 자신을 비우신 그분에게서 온다."[4]

그리스도께서 자신의 삶과 가르침을 통해 겸손에 대한 인간적 관점을 완전히 뒤집으셨으니 생각만 해도 놀랍다. 그분의 발자취를 따르려는 우리에게는 기독교의 이 중심 덕목을 중시하는 게 더욱더 중요하다.

겸손과 섬김

성경의 증언을 훨씬 더 깊이 곱씹어야겠지만, 겸손과 섬김의 밀접한 관계가 이미 나를 강타해 온다. 열두 제자가 서로 누가 크냐며 다툴 때 예수님은 언쟁을 수습하시자마자 "나는 섬기는 자로 너희 중에 있노라"라고 말씀하셨다(눅 22:27). 지혜로운 사도 바울도 "내게 주신 은혜로 말미암아 너희 각 사람에게 말하노니 [자신에 대해] 마땅히 생각할 그 이상의 생각을 품지 말고 오직 하나님께서 각 사람에게 나누어 주신 믿음의 분량대로 지혜롭게 생각하라"라고 썼다(롬 12:3). 그 전제하에서 그는 어떻게 연합하여 살 것인가에 대한 가르침으로 넘어간다. "이와 같이 우리 많은 사람이 그리스도 안에서 한몸이 되어 서로 지체가 되었느니라"(롬 12:5).

어쨌든 겸손과 섬김의 병합은 생각해 볼 만한 유익한 개념인 것 같다. 한동안 이것을 실험하면서 무엇을 배울 수 있을지 봐야겠다.

섬김과 분노는 공존할 수 없다

섬김과 분노는 공존할 수 없다는 교훈을 오늘 힘들게 배웠다. 부엌에서 이것저것 닦으면서 내 작은 섬김의 행위를 못내 뿌듯해하던 참이었다!

바로 그때 캐롤린이 한마디 한 것이 내 심기를 건드렸다. 나는 금세 분노로 반응했고, 물론 그에 합당하게 돌려받았다. 우리는 잠시 동안만 분노했을 뿐 금방 화해했다. 하지만 이미 겸손에 대한 생각은 온데간데없어졌다.

분노가 진정한 섬김을 얼마나 망쳐 놓는지를 새삼 깨달았다. 모든 덕이 서로 맞물려 있다는 생각도 이 일을 계기로 더 굳어졌다. 친절과 인내와 온유와 겸손과 섬김 등은 모두 협력 관계다.

아이들을 섬길 때

알고 보면 아이들을 섬길 때는 대개 놀이가 필요하다. 뭔가를 해주거나 가르치는 게 아니라 그냥 함께 노는 것이다. 함께 노래도 부르면서 말이다. 겸손은 이런 환경에서 더 잘 자라는 것 같다. 아이들 앞에서는 가식이 없어지기 때문이다. 가식이 없으니 섬김의 행위가 정화된다고 할까.

섬길 용기

내 생각에 겸손은 으레 우리에게 섬길 용기를 준다. 처음에는 내가 정말 원하는 단어가 **통찰**이나 **지혜**나 하다못해 **힘**인 줄로 알았는데 그게 아니다. 내가 찾으려던 단어는 바로 **용기**다. 나는 다른 사람들이 내 섬김의 행위를 어떻게 생각할까 신경 쓰느라 섬김을 주저할 때가 많다. 어쨌든 때로는 겸손이 우리에게 생명을 살리는 쪽으로 잘 섬길 용기를 불어넣어 주는 것 같다.

셋째 주

섬김과 동기

잡다한 동기로 섬기는 행위와 더 순수한 동기로 섬기는 행위의 차이를 알 것 같다. 순수한 섬김일수록 겸손도 더 깊어진다고 할 수 있으리라. 물론 무슨 일에든 우리의 동기가 완전히 순수해질 수는 없다. 그러니 이는 소란을 피울 문제가 아니다. 잘 살펴서, 잡다한 동기가 너무 해로워질 때마다 거기서 물러나면 된다.

필수 관계

『성 베네딕도 규칙』 *The Rule of St. Benedict*, 들숨날숨에 "겸손의 열두 단계"가 나온다.[5] 차차 그 내용을 살펴보겠지만, 지금은 그중 많은 단계가 이런저런 섬김과 관계된다는 데 주목한다. 즉 하나님을 섬기거나 공동체 사람들을 사랑으로 섬기는 데 초점이 맞추어져 있다. 이렇듯 베네딕투스 Benedictus of Nursia도 겸손과 섬김의 상관관계를 중요하게 보았다.

눈송이의 춤

오후 들어 눈이 조금 내린다. 눈송이는 각기 따로 하늘에서 떨어진다. 사실은 '떨어진다기보다' 차가운 산들바람에 이리저리 떠밀려 '춤추는' 것 같다. 어떤 눈송이는 내려오다가 바람 따라 거꾸로 솟구치다가 다시 내려온다. 나선형으로 빙빙 돌며 하강하는 것도 있다. 결국은 모든 눈송이가 땅에 닿아 솔잎을 덮지만 그 과정을 서두르지 않는 것 같다. 내 사무실 방의 커튼을 전부 걷으니 시야가 막히지 않아 나무들 사이로 춤추는 눈송이가 네 개의 창문으로 훤히 보인다. 아직 장작불을 피우기 전이다. 오전에는 볼일이 있어서 캐롤린과 함께 나갔다 왔다. 눈이 오기 전에 집에 돌아오기를 바랐는데 뜻대로 되었다! 오후와 저녁에는 다른 일이 없으니 난무하며 내려오는 눈을 진득하게 바라볼 수 있다.

신앙 스승들은 늘 우리에게 성경과 자연이라는 두 권의 책을 읽으라고 가르쳤다. 자연의 책에도 내게 겸손에 대해 가르쳐 줄 게 있을까? 나도 모른다. 그냥 궁금해진다.

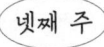
넷째 주

허전한 마음

잠을 이룰 수 없어 한밤중에 쓴다. 브루스가 운명했다는 비보를 오후에 받았다. 소식을 듣고 나서 캐롤린은 조금 울었고 나는 여태 마음이 허전하다.

브루스가 심리학을 가르치러 대학교에 부임하던 때가 기억에 선하다. 브루스와 나는 곧 허물없는 사이가 되었고, 캐롤린은 그의 아내 주디와 금세 친해졌다.

브루스가 중증 뇌동맥류로 입원하면서 우리의 관계는 더 깊어졌다. 캐롤린과 함께 병원으로 문병을 가서 그를 위해 기도했다. 위로나 평안을 위해서만 아니라 완치되어 정상 기능이 완전히 회복되도록 기도했다.

지난 세월 많은 소중한 이들의 치유를 위해 곁에서 기도했다. 그중 더러는 내가 무덤에 데려다주어야 했고, 더러는 완치는 아니어도 차차 호전되었고, 더러는 비교적 신속히 완치되었다. 그런데 브루스의 치유는 기적이라고밖에 할 수 없었다. 함께 기도하는데 예수님의 치유의 광선이 그를 에워싸는 게 느껴졌고, 점차 몸의 건강과 기력이 저절로 회복되면서 뇌동맥류도 없어졌다. 신유 사역과 기도를 오래 했지만 그렇게 '즉시' 나은 경우는 손가락으로 꼽을 정도다.

브루스와 주디는 여태까지 캐롤린과 내가 아는 가장 겸손한 부부 중 하나다. 그들은 으스대거나 인맥을 들먹이거나 잘 보이려 하거나 학위를 과시한 적이 없다. 그래서 함께 지내기가 편했다.

브루스가 소속 교단의 신학교 교수가 되어 결국 그들은 일리노이주 스프링필드로 떠났고, 나중에 같은 주의 어바나로 이사했다. 그동안 우리는 쭉 연락하고 지내며 서로 오고갔다. 스프링필드로 방문했을 때 참 좋았다. 브루스는 내게 에이브러햄 링컨과 관련된 모든 사적지를 구경시켜 주었다. 그는 아마추어치고는 역사에도 상당히 조예가 깊어, 우리가 함께 답사할 때면 링컨의 생애에서 잘 알려지지 않은 수많은 흥미로운 일화에 대해 잇달아 해설을 곁들어 주었다.

그동안 브루스는 심리학 중에서도 자신의 전공 분야에 대한 두 권의 저서를 내게 보냈다. 전문 서적이라 일반 독자에게는 어렵지만, 적어도 내가 따라갈 수 있는 부분은 흥미로웠다(임상 심리학 박사인 우리 맏아들의 글도 내게는 똑같이 어렵다).

오늘 밤 나는 브루스와 그에게 속속들이 배어든 듯한 겸손을 생각한다. 그의 전공 분야에는 완전히 자아에 매몰된 듯 교만해 보이는 사람이 아주 많다. 그런데 정말 놀랍게도 그는 온전한 망아忘我의 경지에서 다른 사람들과 특히 학생들을 사랑으로 섬겼다. 그를 안 덕분에 내 삶이 무한히 풍요로워졌다.

겸손과 회개

내일은 기독교 달력에서 사순절로 알려진 기간의 첫날이다. 사순절은 우리 신앙의 핵심 사건인 예수 그리스도의 부활을 맞이하고자 40일간 마음으로 준비하는 절기다.

평소에 나는 사순절을 둘러싼 현대의 관행을 비판적으로 보는 편이다. 대개 민망하리만치 하찮은 그 관행이란 커피나 초콜릿이나 기타 똑같이 흔해 빠진 것을 끊는 식이다. 사순절과 관련하여 생겨난 여러 예배 전통도 내가 보기에는 침울해질 만한 바른 근거도 없이 '일부러 침울해지려는' 노력에 불과하다. 그래서 진지한 그들에게 이렇게 말해 주고 싶은 유혹이 밀려올 때가 많다. 사순절에 나는 기도를 끊을 참이라고 말이다(솔직히 가끔 그 유혹에 굴한 적도 있다).

그런데 이번 절기에는 동방정교회의 특정한 관행에 내 마음이 끌린다. 동방정교회에서는 사순절 기간에 "겸손과 회개"의 마음가짐을 가꾸기 위해 사순절이 시작되기 3주 전에 "세리와 바리새인 주일"을 지킨다("겸손과 회개"라고 명시된 부분이 내 주의를 끌었다). 물론 이는 누가복음에 기록된 예수님의 유명한 비유에 근거한 것이다(눅 18:9-14).

누가가 밝혔듯이 이 비유는 예수께서 "자기를 의롭다고 믿고 다른 사람을 멸시하는 자들에게" 따로 주신 말씀이다(9절). 이것이야말로 현대의 세태에 대한 고발이 아닐까. 우리야말로 자기를 의롭다고 믿고 다른 사람을 멸시하지 않는가. 바로 이런 정신이 인터넷, 라디오의 청취자 참여 프로그램, 수많은 블로그에 범람해 있다.

비유에 등장하는 바리새인의 "기도"는 기도라기보다 독선에 찬 열변이다. "하나님이여, 나는 다른 사람들 곧 토색, 불의, 간음을 하는 자들과 같지 아니하고 이 세리와도 같지 아니함을 감사하나이다. 나는 이레에 두 번씩 금식하고 또 소득의 십일조를 드리나이다"(11-12절). 반면에 세리는 이보다 더 극명한 대조를 이룰 수가 없다. 그는 멀리 서서 고개를 숙인 채 가슴을 치며 "하나님이여, 불쌍히 여기소서. 나는 죄인이로소이다"라고 부르짖는다(13절). 바로 이것이 우리가 찾으려는 깊은 겸손의 모본이다.

예수님이 들려주신 세리와 바리새인 비유를 변주하여 "겸손과 회개"를 강조하는 사순절이라면, 충분히 살펴볼 만하다고 느껴진다. 그래서 이번 절기에는 겸손과 회개를 경험하기에 적합한 주제를 하나 정해서 깊이 생각해 봐야겠다.

3. 눈이 아픈 달

○ 2월 26일-3월 25일

인내

이 사람 모세는 온유함겸손함, NRSV이
지면의 모든 사람보다 더하더라.
민수기 12:3

겸손해지고 싶은 사람이 있다면
그 첫 단계는 내가 말해 줄 수 있겠다.
첫 단계는 자신의 교만부터
깨닫는 것이다.
C. S. 루이스

> 첫째 주

역경에도 불구하고

라코타족의 둘째 덕목은 '워와친당카'^{Wowacintanka}, 즉 '인내'다. 이 덕목은 이렇게 설명된다. "역경에도 불구하고 우리는 끝까지 노력한다. 이것이 힘과 내공의 깊은 원천이다. 우리의 많은 선조는 영적 힘으로만 감당할 수 있는 여러 도전에 부딪혔으나 인내로 헤쳐 나가 내세에까지 이르렀다."[1]

예수 그리스도 안에서 우리가 누리는 완전한 계시의 혜택을 입지 못한 말인데도 그 속에 교훈이 담겨 있다. 즐겁게 곱씹어 본다.

사순절의 좋은 경험

오늘은 사순절이 시작되는 재의 수요일이다. 목사나 신부가 이마에 재로 십자 성호를 그어 주는 예배에 나는 참석하지 않았다. 그 의식에 반감이 있어서는 아니다. 오히려 그것은 내가 보기에 사순절과 관련된 가장 뜻깊은 의식 중 하나다. 우리가 흙이며 장차 흙으로 돌아갈 것을 일깨워 주기 때문이다. 예배에 빠진 이유는 내게 사순절의 좋은 경험이 될 만한 "겸손과 회개"의 소재를 아직 찾지 못했기 때문이다.

제프리 오슬러^{Jeffrey Ostler}의 『라코타족과 블랙 힐스』^{The Lakotas and the Black Hills}를 이제 막 읽기 시작했다(블랙 힐스는 고대로부터 여러 원주민 부족이 거주한 미국 와이오밍주와 사우스다코타주 접경의 산맥이다—옮긴이). 나만의 사순절에 적합한 실천 방안을 찾는 데 도움이 될지도 모르겠다.

사순절 묵상1 – 바른 마음

이번 사순절의 초점이 이제 명확해졌다. 바로 1800년대 중반 라코타 족이 블랙 힐스 땅을 무자비하게 수탈당하여 윈드 케이브Wind Cave, 데블스 타워Devils Tower, 베어 뷰트Bear Butte 등 많은 성지를 잃었던 것에 대한 "겸손과 회개"다. 사순절 내내 오슬러의 책을 일종의 묵상 안내서로 삼아 무엇을 배울 수 있을지 봐야겠다. 무엇보다도 기도로 충만한 성찰이 이 40일 동안 나를 이끌어 주어야 한다. 사랑하는 주님, 저를 인도하여 과거의 만행에 대해 겸손과 회개의 바른 마음을 품게 하소서.

겸손의 속성

악보다 덕을 글로 쓰기가 훨씬 더 어려워 보인다. 7대 죄악의 각 항목에 대한 책이 얼마나 많은지 생각해 보라. 그런데 덕목에 대한 책은 몇이나 되는가? 분명히 비교적 소수다. 영화도 마찬가지다. 선을 의인화하기보다 악의 어두운 구석을 파헤치는 게 훨씬 더 쉬워 보인다. 그래서 다음 몇 주를 할애하여 겸손의 속성을 탐색해 볼까 한다.

자유, 기쁨, 거룩한 웃음

오늘 밤에는 마음의 겸손이 몸에 깊숙이 밴 이들의 남다른 특징을 생각해 본다. 그런 사람을 지켜보고 떠올릴 때면 으레 세 가지가 돋보이는 것 같다. 바로 자유와 기쁨과 거룩한 웃음이다.

자유. 내가 생각하는 자유란 사사건건 나서서 늘 모든 사람을 바로잡아 주지 않아도 되는 자유다. 다른 사람의 성공을 진심으로 기뻐하는 자유다. 타인을 통제하거나 관리하려는 집요한 충동에서 벗어난 자유다.

기쁨. 하나님이 선하시기에 진심으로 기쁘고, 주님의 권능이 만사를 주관하기에 기쁘며, 내 사랑하는 이들을 하나님께 맡길 수 있기에 기쁘다. 그런 깊은 기쁨이다.

거룩한 웃음. 겸손한 사람일수록 많이 웃는 것 같다. 일상생활의 우여곡절이 빚어내는 코미디를 왠지 그들은 더 잘 본다. 다른 사람을 깎아내리는 야비한 폭소가 아니라 거의 매일 찾아오는 곤경을 호쾌히 웃어넘긴다는 뜻이다. 웃음은 울음의 이면인 만큼 겸손이 몸에 밴 이들은 양쪽 모두에 스스럼없이 능하다.

지배와 통제 욕구에서 벗어난 자유

내 생각에 겸손의 가장 확실한 징후 중 하나는 모든 지배와 통제 욕구에서 완전히 벗어난 자유다. 겸손은 아무에게 아무것도 강요할 마음도 없고 그럴 필요도 없다. 다그치는 자세는 겸손한 마음에 어긋난다. 겸손은 우호적인 자세로 다른 사람을 편하게 해준다.

겸손한 이들에게는 무의식에 가까운 쾌활함이 있는 것 같다. 아마도 이는 지켜야 할 인간적 평판도 없고, 평판을 쌓아 사람들의 감탄을 자아낼 필요도 없기 때문일 것이다.

둘째 주

아름다워서 사랑받는 겸손

독서 중에 어디선가 이런 문장을 만났다. "겸손은 아름다워서 사랑받는다." 출처를 적어 두지 않아서 이제는 어디에 나온 말인지 기억나지 않는다! 어쨌든 참 좋은 말이다. 다만 경험으로 확인될 수 있을지 의문이다. 이 말은 그저 따뜻한 감상인가, 아니면 경험으로 검증 가능한가?

친절한 환대

겸손한 사람들을 관찰해 보면 친절한 환대가 보인다. 그들은 잘 보이거나 과시하거나 어떻게든 자신에게 이목을 끌 필요가 없으며, 그래서 사람들과 함께 있는 게 마냥 즐거울 수 있나 보다. 이 매력적인 속성이 한껏 내 호감을 자아낸다. 사실 그런 모습을 볼 때마다 나도 저랬으면 하는 열망이 싹튼다.

바울이 다른 많은 덕목과 더불어 친절과 겸손을 한데 묶은 것을 보니 내게도 교훈이 된다. "너희는 하나님이 택하사 거룩하고 사랑받는 자처럼 긍휼과 자비^{친절, NRSV}와 겸손과 온유와 오래 참음을 옷 입고 누가 누구에게 불만이 있거든 서로 용납하여 피차 용서하되 주께서 너희를 용서하신 것같이 너희도 그리하고 이 모든 것 위에 사랑을 더하라. 이는 온전하게 매는 띠니라"(골 3:12-14).

8. 눈이 아픈 달 — 인내

겸손한 자에게는 지혜가 있느니라

잠언 11:2에 보면 "겸손한 자에게는 지혜가 있느니라"라고 했다. 꽤 대담하고 단호한 진술이다. 물론 그것이 잠언의 특성이다. 잠언은 그냥 할 말을 한 뒤 그것을 삶의 경험으로 시험해 보는 일일랑 우리에게 맡겨 둔다.

위로부터 난 지혜

잠언의 취지를 야고보서 3:13이 보충해 주는 것 같다. "너희 중에 지혜와 총명이 있는 자가 누구냐. 그는 선행으로 말미암아 지혜의 온유함으로 그 행함을 보일지니라." 야고보는 이어서 "독한 시기와 다툼"은 하나님의 지혜와는 거리가 멀다고 가르친 뒤, 요약으로 "위로부터 난 지혜는 첫째 성결하고 다음에 화평하고 관용하고 양순하며 긍휼과 선한 열매가 가득하고 편견과 거짓이 없나니"라고 덧붙인다(14-17절). 내 생각에 이 모두는 겸손이라는 주제와 잘 맞아 든다.

미화도 없고 과장도 없다

모든 위대한 덕목은 보이지 않게 연결되어 있는 것 같다. 사랑, 용기, 의리, 담력, 명예 등 그 밖에도 아주 많다. 겸손도 그중 하나가 아닐까. 겸손은 엄연한 사실 외에는 말할 필요가 없기에 특히 중요해 보인다. 미화도 없고 과장도 없다. 진실을 보증하려고 맹세할 필요도 없다. 겸손한 사람은 맹세 여부를 떠나 엄연한 사실만 말한다.

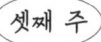

사순절 묵상2 – 탐심

블랙 힐스(라코타어로 '헤 사파'*He Sápa*, 검은 산줄기)는 북미 대평원에 외따로 융기한 1만 3천 평방킬로미터의 타원형 산맥이다. 그곳이 늦어도 1776년 이후로 라코타족 문화의 중심지였음은 분명하며, 아마도 훨씬 이전으로 거슬러 올라갈 것이다. 이미 여러 조약을 어긴 미국 정부는 1868년에 포트 래러미 조약 Fort Laramie Treaty에 서명하여 미주리강 서쪽의 광활한 수족族 보호구역을 공인하고 블랙 힐스에 대한 라코타족의 소유권을 '영구' 보장했다. 그런데 1874년에 조지 암스트롱 커스터 George Armstrong Custer가 이끄는 탐험대가 블랙 힐스에 들어갔다가 금광을 발견했다. 그러자 1877년에 미국은 국회 법안을 내세워 블랙 힐스를 라코타족에게서 몰수했다.

블랙 힐스의 탈취는 황금에 눈먼 지독한 탐욕의 행위였다. 탐심은 얼마나 해롭고 악한가. 그 만행 때문에 한 부족 전체가 삶의 터전을 잃고 쫓겨났다. 내 작은 방식으로 이 개탄스러운 행위를 회개한다.

회개하면서 내 마음속에 숨어 있는 탐심도 살펴야 한다. 황금에 대한 탐욕은 아니겠지만 타인의 좋은 평판을 탐할지도 모른다. 주님, 저를 용서하소서. 제 마음의 탐심을 주께서 제하여 주소서.

성품의 위력

인성의 필수 요소인 '뭔가'가 겸손에 담겨 있어 성품의 위력을 낳는 것은 아닐까. 이런 성품은 매력과 설득력이 있다. 오늘 우리가 호흡

하는 공기는 교만과 허세로 찌들어 있으나 성품의 위력은 그 모두에 대비되어 돋보인다.

겸손의 촉감

겸손의 촉감은 어떠할지 궁금하다. 겸손을 느낄 수 있을까? 만질 수 있을까? 믿음의 손가락으로라면 가능할지도 모르겠다.

진정한 기독교 공동체

진정한 기독교 공동체의 구성 요소는 세상이 이해할 수 없는 여러 덕목이다. 그런 공동체의 삶이 제구실을 다하려면 특히 겸손이 핵심이다.

이것이 특히 오늘날에 중요한 까닭은 보다시피 공적 삶에서 도덕의 어휘가 빈곤해지고 있기 때문이다. 이런 생각은 나를 달라스 윌라드Dallas Willard의 마지막 책 『도덕 지식의 실종』The Disappearance of Moral Knowledge으로 이끈다.[2] 우리는 새로운 암흑기에 들어선 것일까? 잘 모르겠다. 어쨌든 이 어두운 시대에 우리가 기여할 수 있는 일 하나는 기독교 공동체의 삶을 새롭게 표현하여 도덕의 풍성한 어휘를 지키는 것이다. 그런 어휘를 일상생활의 부대낌 속에 구현할 수 있다면 더 좋다.

사순절 묵상3 – 소멸된 생활 방식

오늘날 블랙 힐스에서 가장 잘 알려진 곳은 조지 워싱턴George Washington과 토머스 제퍼슨Thomas Jefferson과 시어도어 루스벨트Theodore Roosevelt와 에이브러햄 링컨Abraham Lincoln의 얼굴을 화강암에 새긴 마운트 러시모어

Mount Rushmore 기념물이다.

라코타족은 이 웅장한 화강암 절벽을 '둔카실라 사크페' *Thunkášila Šákpe* 즉 '여섯 할아버지'라 불렀다. 이 명칭은 라코타족의 종교 지도자 니컬러스 블랙 엘크 Nicolas Black Elk가 본 비전에서 유래했다. "그 비전은 신성한 여섯 방향 즉 서쪽과 동쪽과 북쪽과 남쪽과 위쪽과 아래쪽에 대한 것이었다. 연륜과 지혜가 무르익은 할아버지처럼 이 모든 방향이 자비와 사랑을 대변한다고 여겨졌다."[3] 유구한 세월 동안 비바람만이 무늬를 새겨 놓은 그 화강암 산을 1927년부터 거츤 보글럼 Gutzon Borglum이 발파하고 깎아 냈다.

마운트 러시모어 현장은 내게 양가감정을 불러일으킨다. 나도 거기에 가 보았고, 그것이 고취하려는 외경과 애국심을 이해한다. 그러나 라코타족 사람들은 그곳에 가면 자신들의 생활 방식이 소멸된 데 대해 눈물을 흘린다고 한다. 내 심령도 그 소멸된 생활 방식 때문에 함께 운다.

힘과 겸손

겸손한 사람은 강할까? 흠, 궁금하다. 일반 문화는 대개 힘을 공격성이나 심지어 잔인성과 연계시킨다. 그게 힘을 제대로 이해한 것일까? 아닐 것이다. 굳센 소신과 겸손은 분명히 일종의 공생 관계로 짝을 이룬다.

이참에 겸손과 리더십의 연관성 문제도 살펴봐야겠다는 생각이 든다. 하지만 지금은 아니다. 그러려면 우선 주제를 충분히 공부해야 할 테고, 무엇보다도 중요한 것은 더 치밀한 사고다.

평범한 일상사

지금 생각난 이 속성은 어떻게 묘사해야 할지 모르겠다. 그것이 겸손의 속성인지조차 모르겠고, 어쩌면 그냥 성향일 수도 있다. 겸손한 사람일수록 평범한 일상사를 더 쉽고 한결 차분하게 수행하는 것 같다. 설거지나 바닥 청소 같은 일, 잔디 깎기나 아기 기저귀 갈아 주기(이것은 내 기억 창고 속으로 까마득히 거슬러 올라가야 했다!) 같은 일 말이다. 그렇다면 (겸손의 반대인) 교만은 그런 평범한 일을 더 귀찮아 하는 편이 아닐까? 내 경험상으로는 그런 것 같다.

넷째 주

쾌활하고 똑똑한 친구

C. S. 루이스가 묘사한 겸손이 내게 도움이 된다.

> 정말 겸손한 사람을 혹시 만나거든 그에게서 요즘 대다수 사람이 말하는 '겸손'을 예상하지 말라. 그는 늘 자신이 극구 아무것도 아니라며 아양을 떠는 느끼한 부류는 아니다. 오히려 정말 관심을 갖고 **당신의** 말을 **들어주는** 쾌활하고 똑똑한 친구로만 보일 것이다. 그런데도 그가 싫다면 이는 삶을 그토록 쉽게 즐기는 그를 당신이 약간 **시기하기** 때문일 것이다. 겸손한 사람은 겸손을 생각하지 않는다. 자신에 대한 생각이 아예 없다.[4]

여기서 내게 와닿는 것은 루이스가 몇 마디 엄선된 말로 겸손과 그 반대인 교만을 둘 다 아주 생생히 그려 낼 수 있다는 것이다.

겸손과 승리

어제 교회에서 읽은 복음서는 요한복음 20:19-29의 '의심 많은 도마' 이야기였다. 나는 도마에게 늘 공감이 간다. 부활하신 그리스도께서 모여 있는 제자들에게 처음 나타나실 때 그 자리에 없었던 그는 눈에 보이는 증거를 원했다. "내가 그의 손의 못 자국을 보며 내 손가락을 그 못 자국에 넣으며 내 손을 그 옆구리에 넣어 보지 않고는 믿지 아니하겠노라."

그다음 일요일에 도마에게 필요한 것이 그대로 채워진다. (문이 다 닫혀 있는데도) 제자들에게 두 번째로 나타나신 예수님은 우선 전체에게 "너희에게 평강이 있을지어다"라고 하신 뒤 도마를 보며 말씀하신다. "네 손가락을 이리 내밀어 내 손을 보고 네 손을 내밀어 내 옆구리에 넣어 보라. 그리하여 믿음 없는 자가 되지 말고 믿는 자가 되라." 얼마나 극적인 대면인가! 귀한 도마는 깜짝 놀라며 "나의 주님이시요 나의 하나님이시니이다!"라고 고백한다. 얼마나 합당한 반응인가!

겸손과 승리가 뜻밖의 조합을 이루고 있다는 점에서 이 이야기는 나를 생각에 잠기게 한다. 도마가 겸허해진 것은 분명하다. 구하던 증거를 확실히 받았으니 말이다. 그런데 그는 결국 승리하기도 했다. 그의 고백은 전 세계 어느 예배에 넣어도 전혀 손색이 없다. 겸손과 승리, 이 조합이 왠지 마음에 든다!

장작불을 지키며

오후부터 서설이 내린다. 기상청 예보에 따르면 밤새도록 올 거라고 한다. 이렇게 되기를 바라는 마음으로 이틀 전에 장작을 넉넉히 들여놓았다. 올겨울의 마지막 장작불이 될 것 같아 벽난로를 마주 보는 흔들의자에서 자면서 밤새도록 불을 지키기로 한다.

과거의 두 사건이 나를 이쪽으로 떠민다. 첫째는 어느 겨울에 있었던 일이다. 당시 여덟 살 아이였던 나는 밤마다 유일한 열원인 벽난로 옆의 간이침대에서 잤다. 불 지킴이가 된 그해 겨울의 추억이 지금도 애틋하고 정겹다.

둘째 경험은 미시간주에서 플로리다주까지 밴을 운전하고 가는 우리 아들 네이트를 도와주던 중에 찾아왔다. 네이트 일가는 플로리다로 이사할 때 미시간 친구 집에 밴을 두고 갔었는데, 드디어 남은 짐 몇 상자와 함께 그 밴을 가져갈 때가 되었다. 네이트가 그의 아들 카이렌도 데려왔으므로 우리 셋은 플로리다까지 내려가는 동안 유쾌하고 즐거운 한때를 보냈다. 밴 소음기에 구멍이 나 있어서 더욱더 잊지 못할 경험이 되었다. 남쪽으로 갈수록 구멍이 더 커지고 소리도 요란해져 혹시 고속도로 순찰대에게 걸리는 건 아닌지 은근히 걱정되었다!

계획대로 여행의 절정은 그레이트 스모키 마운틴스 국립공원을 통과하는 것이었다. 잠시 멈추어 산길을 걸으면서 그 지역의 수려한 동식물군에 경탄했다. 아름답다고밖에 말할 수 없었다. 다시 공원을 남쪽으로 빠져나간 우리는 예정에 없이 노스캐롤라이나주 체로키에서 하룻밤 묵었다. 이튿날 이른 아침에 오코널러프티 원주민 마을에 들렀다. 이 관광 명소의 취지는 18세기의 체로키족 마을 생활을 방문객들에게 최대한 실제에 가깝게 체험하게 해주는 것이었다.

그날 아침 우리가 일착이어서 가이드의 설명을 독차지했다. 여러모로 즐거웠던 그 경험이 마침 오늘 오후에 떠오른 이유는 남자 둘을 지정하여 마을 중앙의 불을 지키게 하고 다른 불은 다 거기서 붙였다는 체로키족의 전통 때문이었다. 불 지킴이는 체로키족 사회에서 아주 명예로운 지위였으나 대신 행여 불을 꺼뜨리는 날에는 죽음이라는 엄중한 결과가 뒤따랐다.

그래서 오늘 밤 나는 불을 지킨다. 잠에서 깰 때마다 불을 약간 돋운다. 참나무 장작은 양이 많지 않으므로 빨리 타는 소나무와 오래 타는 참나무를 섞어서 땐다. 문득 새벽 3시쯤에 깨 보니 잔불만 겨우 깜빡이고 있다. 얼른 불쏘시개와 중치 크기의 통나무를 얹어 준다. 성냥은 쓰지 않는다는 게 내 비공식 규칙이다. 기다리고 좀 더 기다린다. 마침내 불꽃이 살아나 불 지킴이로서의 내 평판을 깨끗이 지켜준다!

이 소소한 이야기는 딱히 겸손과는 무관하지만 그냥 그 경험을 글로 쓰고 싶었다. 그런데 의외로 겸손과의 연관성이 정말 생겨났다. 불을 되살린 나는 아이패드로 존 마이클 탤벗John Michael Talbot의 예배 앨범 "고요한 데로 나아오라"Come to the Quiet를 재생한다. 이 묵상 음악을 곁에 틀어 놓고 다시 잠들다가 몇 분 만에 가사에 화들짝 놀라 깨어난다.

나의 제사는 통회하는 심령이니
겸손한 마음을 주께서 멸시하지 않으시리이다.[5]

바로 이 부분이다. 그 가사를 들으며 단잠에 빠진다.

사순절 묵상4 – 두 번의 개명

블랙 힐스에는 라코타족이 신성하게 여기는 곳이 많다. 예로부터 비전 퀘스트(vision quest, 북미 원주민의 성인식 통과의례－옮긴이), 장례식, 기타 종교 의식이 그런 데서 수행되었다. 블랙 힐스의 최고봉인 블랙 엘크 피크Black Elk Peak도 그중 하나다. 산 이름이 바뀐 두 번의 개명은 의미심장한 사건이다.

본래 고대 라코타족은 이 산을 '부엉이의 생성'이라는 뜻의 '힌한 카가'Hinhán Káğa라 불렀다. 능선을 잇는 바위가 부엉이 형상이라 해서 붙여진 이름이다. 그런데 1855년에 미국의 윌리엄 하니William S. Harney 장군을 기려 그곳이 하니 피크Harney Peak로 개명되었다. 커스터의 리틀 빅혼 학살the massacre at Little Bighorn에 뒤이어 하니는 라코타족을 무력으로 정벌해서 명성을 얻은 사람이다.

그 성공이 또한 그의 몰락을 불렀다. 1855년에 하니는 오늘날 블루 워터 크릭 전투the Battle of Blue Water Creek로 알려진 군사 행동의 지휘관으로서 라코타족 여성과 아동을 대량 학살했다. 라코타족 지도자들은 이 봉우리 이름을 고치려 50년간 애썼다. 그 노력의 중심인물인 배즐 브레이브 하트(Basil Brave Heart, 파인 리지 보호구역 출신의 원주민이자 한국전 참전 용사)는 하니 장군의 행동이 군대까지 욕되게 했다고 역설했다. 마침내 2016년 8월 11일에 산 이름이 '하니 피크'에서 '블랙 엘크 피크'로 바뀌었다. 미연방 지명地名 위원회 대변인은 이 결정에 대해 "그곳이 아메리카 원주민의 성지인 만큼 위원회는 이 지명[하니

피크]에 경멸 내지 모욕의 의미가 있다고 보았다"라고 말했다.[6]

블랙 엘크(검은 고라니)는 1932년의 저서 『검은 고라니는 말한다』 *Black Elk Speaks*, 두레로 우리에게 가장 잘 알려진 20세기 초의 라코타족 지도자였다. 나도 1981년에 그 책을 읽고 무한한 감동을 받았다. 아홉 살 때 바로 이 산 정상에서 "원대한 비전"을 받은 그는 그때 일을 이렇게 술회했다.

> 나는 산맥의 가장 높은 산 위에 서 있었고, 내 밑으로 온 세상이 고리처럼 빙 둘려 있었다. 거기 서서 나는 말로 다할 수 없는 것을 보았고, 본 것보다 더 많이 이해했다. 신성하게 만물의 형상을 영으로 보았고, 하나의 존재처럼 더불어 살아야 할 모든 형상의 원형까지도 보았던 것이다.[7]

블랙 힐스의 중심 성지에 그런 잔인한 군인의 이름을 붙인 교만을 나는 이 사순절에 머리 숙여 회개한다. 또한 이제 '힌한 카가'에 블랙 엘크라는 명예로운 이름이 붙었으니 겸손히 감사드린다.

2부

소생과 성장의 석 달

봄 ——— 웨두

4. 오리가 돌아오는 달

◯ 3월 26일-4월 22일

존중

> 그러므로 하나님의 능하신
> 손 아래에서 겸손하라.
> 때가 되면 너희를 높이시리라.
>
> **베드로전서 5:6**

> 복음으로 말미암아 참으로 겸손해진 사람은
> 자신을 미워하거나 사랑하는 사람이 아니라
> 자신을 망각하는 사람이다.
>
> **티머시 켈러** Timothy Keller

> 첫째 주

존재하는 모든 것을 존중하라

라코타족의 셋째 덕목은 '와우홀라'*Wawoohola*, 즉 '존중'이다. 이 덕목에 대한 가르침은 내게 특히 귀하게 느껴진다. "모든 부족의 기본 가르침은 식물, 동물, 돌, 바람, 미물인 인간, 모든 피조물 등 (지각이 있든 없든) 존재하는 모든 것을 존중하라는 것이었다. 우리 라코타족 선조는 인간의 의식주를 해결해 줄 들소를 사냥할 때도 예를 갖추었다. 모든 부위를 다 쓰되 들소의 혼을 기리는 의미로 두개골을 동쪽으로 향하게 두어, 삶의 리듬과 조화를 이루어 일출을 맞이하게 했다."¹

이것은 불관용이 판치는 우리 시대에 얼마나 중요한 덕목인가. 모든 소외된 사람, "짓밟힘과 침 뱉음과 배신을 당한 이들"을 존중하라. 지각이 없는 무생물까지도 존중하라. 창조 세계를 아주 세심하게 돌보아야 할 우리의 사명이 여기에 있다. "식물, 동물, 돌, 바람, 미물인 인간, 모든 피조물"이라는 말 속에 그것이 아름답게 표현되어 있다.

나도 기쁘다

'오리가 돌아오는 달'이라는 이번 달 이름이 마음을 끈다. 왜 하필 오리일지 궁금하다. 다른 종류도 많이 있지만 내가 접하는 오리는 청둥오리다. 머리는 비취색이고 부리는 샛노란 데다 검은색 꼬리가 둥글게 말린 수컷 청둥오리는 독특하고도 아름답다. 암컷은 전체적으로 얼룩덜룩한 갈색이라서 좀 처지지만 그래도 내게 즐거움을 준다. 일고여덟 마리 새끼를 거느리고 갈대 연못을 가로지르는 어미를 보고 있노라면 절로 미소가 지어진다. 그래서 오리가 돌아오면 나도 기쁘다.

대조적이어서 겸허해진다

오늘은 참전 용사 기념 묘지 안을 걷는다. 여태 그 곁을 수없이 지나다녔어도 들어가 본 적은 없다. 군인 묘지에 들어오다니 나로서는 별난 결정 같다. 여기에 묻힌 사람을 하나도 모르는 데다 내 신학적 소신이 반전주의 쪽으로 기우니 말이다.

묘지로 접어든 데는 정말 별 뜻이 없었다. 오늘은 계곡을 걸을 기분이 아니라서, 내일로 예보된 폭설이 닥치기 전에 대신 걸을 만한 양지바른 곳을 찾던 중이었다.

남북전쟁 때부터 현재까지의 오랜 역사에 걸쳐 복무한 수많은 이들의 무덤 사이를 걷노라니 마음이 뭉클하다 못해 겸허해지기까지 한다. 정말 남북전쟁 참전 용사의 묘도 아홉 기나 보여서 약간 놀랐다. 이곳 콜로라도주는 남북전쟁 격전지인 불런, 샤일로, 앤티텀, 빅스버그, 챈슬러스빌, 게티스버그 등과는 아주 멀리 떨어져 있으니 말이다. 게다가 이 묘지는 내 기억으로 1883년에 조성되었으니 동부의 기준으로 보자면 오래되지 않은 편이다.

남북전쟁 묘소가 특히 내 관심을 불러일으킨 것은 요즘 내가 남북전쟁에 대한 켄 번즈Ken Burns의 9부작 다큐멘터리를 보고 있어서다. 지난 한두 달 동안 이 영화를 보면서 그 대규모의 참화가 나 혼자 서재에서 겸손에 대해 글을 쓰는 단순한 작업과는 참 대조적이라는 생각이 자꾸 들었다. 대조적이어서 겸허해진다고 할까.

비뚤어진 내 갈망

교회 예배에서는 우리의 '무질서한 애정'을 자백한다. 하지만 그것은 지나치게 완곡한 표현이고, 내 사정을 너무 많이 배려한 것이다. 내 애정과 갈망은 비뚤어지고 뒤틀리고 꼬이고 안으로만 굽어졌다.

오 주님, 구하오니 제 애정을 곧게 펴 주소서. 제 갈망이 생명을 살리는 쪽과 하나님 쪽을 향하게 하소서. 아무쪼록 그리하여 주소서. 감사합니다. 아멘.

기뻐 뛰리라

저번 주에 내가 올겨울의 마지막 불을 피운다고 한 말은 빗나갔다. 기상청의 표현으로 오늘은 돌풍을 동반한 눈보라가 몰아친다. 적설량은 30센티미터 안팎에 그칠 테니 많은 것은 아니다. 돌풍을 동반한 눈보라란 눈발이 강풍에 수평으로 날리면서 거센 소용돌이를 일으켜 시계가 거의 흐려지는 현상이다. 군락을 이룬 우리 나무들이 15미터 전방까지밖에 보이지 않는다. 모든 학교와 대다수 상가가 오늘 문을 닫았고, 주요 간선 고속도로도 지금 폐쇄 중이다. 캐롤린과 나는 따뜻하게 안에 있기로 했다. 다시 불을 피우기에 딱 좋은 날이다!

불은 왠지 마음을 가라앉혀 준다. 진한 커피 한 잔에 탁탁 소리 내는 장작불만 있으면 나는 더 바랄 게 없다. 딱히 책을 읽거나 기도하는 것도 아니다. 적어도 통상적 의미에서는 아니다. 불꽃은 무구한 묵상 같은 것에 잠기게 한다. 고요하고 적막하다. 불쏘시개와 막대기와 통나무를 온통 휘감는 저 불꽃만 바라볼 뿐이다. 일렁이던 불꽃은 한참 군불을 피우다가 어느덧 잦아져 숯으로 달아오른다. 단언컨대 타오르는 통나무가 텔레비전보다 훨씬 더 재미있게 나를 매료한다. 게다가 불에는 귀찮은 광고도 일절 없다.

참, 하나가 더 있다. 정말 정전이라도 되면 벽난로가 우리의 유일한 열원이다. 그러니 불을 꺼뜨리지 말아야겠다. 파열하는 불꽃은 탁탁 소리를 내면서 계속 기뻐 뛰리라.

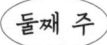

정확한 평가

교회의 위대한 성인인 클레르보의 베르나르 Bernard of Clairvaux에게 시비를 걸 마음은 정말 없다. 다만 겸손에 대한 그의 유명한 정의가 약간 마음에 걸린다. 그는 "겸손이란 자신을 잘 알기에 자신을 낮추보는 덕목이다"라고 썼다.[2] "자신을 낮추보는"이라는 문구가 선뜻 받아들여지지 않는다. 물론 나의 이런 반응은 우리 시대에 심각한 해악을 끼친 장구한 역사의 '벌레 신학'(인간을 벌레 같은 존재로 비하한다는 의미―옮긴이)에 대한 것이다. 아울러 현대 심리학에서 중시하는 건강한 자존감도 당연히 중요한 요인이다.

아마 나는 이 훌륭한 교회박사(천주교에서 연구나 집필을 통해 신학에 크게 기여한 성인에게 붙이는 호칭―옮긴이)에게 이의를 제기한다기보다 그의 말을 우리 시대의 정황에 맞게 풀이하려는 것이다. 약간 재해석해도 된다면 내 생각에 베르나르가 말하려는 요점은 우리가 자신의 실상을 정확히 평가할 수 있어야 한다는 것이다. 그래서 그는 자신을 잘 알아야 함을 강조한다. 이제 이 문구가 귀하게 느껴진다. 자신을 잘 알면 겸손과 어원이 같은 **흙** 근처로 내려갈 수밖에 없다.

역사상 가장 심오한 기독교 사상가 중 하나인 그를 내가 바로잡을 수 있다고 생각한다면, 물론 이는 적잖은 교만이다. 그러니 이 정도로 해두어야겠다.

사순절 묵상 5 – 내 마음이 슬퍼진다

20세기에 라코타족은 일치단결하여 블랙 힐스를 되찾기 위한 법적 조치에 돌입했다. 1970년대에 이 소송을 재심리한 한 연방 판사는 "우리 역사에 이보다 더 고약하게 썩은 부당 대우 사례는 눈을 씻고 보아도 없을 것이다"라고 판시했다.[3] 한 세기에 걸친 법적 분쟁 끝에 미국 대법원은 블랙 힐스의 소유권이 1868년의 조약에 명기된 대로 라코티족 8개 부족에게 귀속됨을 1980년의 결정적 판결을 통해 인정했다. 그런데 법원은 정부에게 땅의 반환을 명한 게 아니라 라코타족에게 블랙 힐스에 대한 1억 5백만 달러의 보상금을 제시했다.[4] 라코타족은 전국에서 가장 빈곤한 보호구역 중 하나인데도 금전적 보상을 물리쳤다. 땅을 돌려받고 싶었던 것이다. 성지를 사고팔 수는 없다는 것도 그들이 돈을 받지 않은 근거였다. 라코타족의 원로 존슨 홀리 록(거룩한 바위)은 "우리는 공기와 물을 돈으로 환산하지 않는다"라고 썼고,[5] 라코타족의 종교 지도자 릭 투-도그스(두 마리 개)는 "우리의 모든 기원 설화는 이곳으로 거슬러 올라간다. 블랙 힐스와 우리의 영적 교감을 돈으로 거래할 수는 없다. 돈을 받는다면 나는 마음을 열고 조물주를 대면할 수 없을 것이다"라고 설명했다.[6] 현재 라코타족은 로즈버드 원주민 보호구역, 파인 리지 원주민 보호구역, 로어 브룰레 원주민 보호구역, 샤이엔 리버 원주민 보호구역, 스탠딩 록 원주민 보호구역 등 다섯 개 보호구역에 대부분 거주한다.

이 모든 뒤엉킨 역사 속에서 내 마음이 슬퍼진다. 라코타족이 블랙 힐스를 부당하게 강탈당했으니 말이다. 저질러진 악을 되돌릴 묘안이 있다면 좋겠지만 내 능력 밖이다. 그냥 서서 속으로 울 뿐이다.

널리 영향을 미친 두 권의 책

이제 겸손에 대한 중요한 두 저작을 상대할 때가 되었다. 둘 다 오랜 세월 널리 영향을 미친 책인데, 하나가 다른 하나의 기초가 되었으므로 함께 살펴보는 게 중요하다. 그 두 권의 책은 누르시아의 베네딕투스(6세기)의 『성 베네딕도 규칙』과 클레르보의 베르나르(10세기)의 『겸손과 교만의 단계』 The Steps of Humility and Pride 다.

베네딕투스가 규칙을 쓴 목적은 당대의 한 특수한 문제에 질서와 안정을 부여하기 위해서였다. 그 문제란 바로 감시와 책임과 안정을 거부한 떠돌이 예언자들이었다. 이 책과 거기서 파생된 운동이 오늘날 우리가 아는 수도원 제도를 낳았다고 해도 과언은 아니다. 하지만 쉬운 일은 아니었다. 베네딕투스가 모아서 지도한 첫 집단은 그를 독살하려 했다!

『성 베네딕도 규칙』의 핵심은 7장에 기술된 "겸손의 열두 단계"다. 이는 베네딕투스가 수도원의 공동체 생활에 나름대로 사랑의 틀을 잡아 주기 위한 것이었다.

클레르보의 베르나르는 베네딕도 운동 내부의 쇄신 활동을 이

끈 주역이며, 그것이 결국 베네딕도 수도회의 지류라 할 수 있는 관상 중심의 시토 수도회the Cistercians 설립으로 이어졌다. 베르나르는 사랑에 대한 저작과 특히 『하나님을 사랑하는 것에 대하여』On Loving God, 키아츠로 가장 잘 알려져 있지만, 그의 첫 저서는 베네딕투스의 "겸손의 열두 단계"에 대한 일종의 해설이었다. 그런데 베르나르는 겸손이라는 주제에 머물지 않았다. 천만의 말이다. 그는 그 반대 성향도 논하면서 이를 "교만의 하강 단계"라 칭했다. 그래서 머잖아 그의 책이 『겸손과 교만의 단계』로 알려진 것이다. 다음 몇 주 동안 이 두 사람의 책에서 내가 겸손과 교만에 대한 통찰을 얻을 수 있을지 봐야겠다.

참으로 유익한 은유

겸손에 대한 생각을 전개하는 과정에서 베네딕투스는 우리 앞에 참으로 유익한 은유를 내놓는다(성경 본문에 대한 그의 주해는 꽤 미심쩍어 보이지만 말이다). 천사들이 사다리를 오르락내리락하던 야곱의 꿈 이야기를 그가 겸손과 교만에 적용한 것이다. 그의 표현으로 들어 보자.

> 겸손의 최고봉에 이르려면…야곱의 꿈속에 보인 **천사들이 오르락내리락하던** 그 사다리를 우리도 상승 행동을 통해 세워 나가야 한다(창 28:12). 의심의 여지 없이 이 하강과 상승은 우리가 높아지면 내려가고 겸손해지면 올라간다는 뜻일 수밖에 없다. 세워지는 사다리는 이 땅의 우리 삶이며, 우리가 마음을 낮추면 주께서 그 사다리를 하늘에까지 닿도록 높이실 것이다. 우리의 몸과 영혼은 사다리

의 양측 기둥이라 할 수 있고, 우리의 신성한 소명이 거기에 우리가 올라가야 할 겸손과 훈련의 많은 가로대를 끼워 놓았다.[7]

야곱의 사다리 이야기라면 나도 잘 안다. 창세기 28장을 교회학교에서 배우면서 그리고 흑인 노예의 경험에서 유래한 영가 "우리는 야곱의 사다리를 오르네"를 부르면서 그 장면이 내 무의식 속에 깊이 새겨졌다.

사다리를 오른다는 은유도 겸손해지려는 우리에게 유익하긴 하다. 그러나 겸손의 개념에는 내려간다는 은유가 더 잘 어울릴 것이다. 야곱의 꿈에 나온 천사들도 올라가기만 한 게 아니라 내려가기도 했다. 물론 베네딕투스가 상승의 은유 속에 담아낸 의미가 하늘을 향해 올라가는 것인 줄은 나도 안다. 그래도….

첫째 단계가 흥미를 끈다

겸손을 향해 올라가는 베네딕투스의 처음 두 단계는 모든 사람에게 쉽게 적용된다. 첫째 단계는 우리 눈에 늘 하나님을 두려워하는 빛이 있어 결코 그 경외를 잊지 않는 것이고(시 36:1), 둘째 단계는 자신의 뜻을 사랑하거나 사욕의 충족을 즐기는 게 아니라 주님의 이 말씀을 본받아 행하는 것이다. "내가…온 것은 내 뜻을 행하려 함이 아니요 나를 보내신 이의 뜻을 행하려 함이니라"(요 6:38).

셋째 단계부터는 수도원에 입회하는 수사들에게 주는 특수한 교훈이다. 이를테면 수도원장에게 순종할 것과 수도 공동체에서 서로 사랑으로 복종하며 살아가는 법 등이 다루어진다. 이런 부분을 오늘날의 일반인에게 적용하려면 상당한 재해석이 요구되는데, 베네딕 도회 영성을 가르치는 사람들이 일반 대중에게 강연할 때 하는 일이 바로 그것이다.

그러나 내 흥미를 끄는 것은 겸손의 첫째 단계, 즉 우리 눈에 늘 하나님을 두려워하는 빛이 있어 결코 그 경외를 잊지 않는 것이다. 베네딕투스가 다른 어떤 단계보다도 이 단계를 더 상술했다는 사실이 즉시 내 눈길을 끌었다. 사실 이것은 워낙 자명해서 굳이 설명이 필요 없는 말이다. 그런데 베네딕투스는 여기에 가장 많은 주의를 기울인다. 왜 그럴까? 잘 모르겠다. 그냥 궁금해진다. 자면서 생각해 봐야겠다.

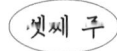

종의 두려움과 자녀의 두려움

베네딕투스의 첫째 단계에 쓰인 어구는 오늘의 우리에게 잘 받아들여지지 않는다. '주님을 두려워한다'라는 표현을 우리는 좋아하지 않는다(우리말 역본에는 '두려워할' 대상이 주님인 경우 주로 '경외하다'로 번역되었다—옮긴이). 비굴하게 무턱대고 복종한다는 의미가 연상되기 때문이다. 솔직히 나도 이 문구가 싫다. 지나치게 부정적으로 느껴진다.

그러나 베네딕투스는 성경의 표현을 그대로 가져다 썼을 뿐이다. 일단 잠언 9:10을 생각해 보라.

여호와를 경외하는 것이 지혜의 근본이요

거룩하신 자를 아는 것이 명철이니라.

마르틴 루터가 그의 표현으로 **"종의 두려움"**과 **"자녀의 두려움"**을 구분한 것이 여기서 내게 정말 도움이 된다. **종의** 두려움은 뭔가 잘못할 경우 벌을 받을까 봐 두려운 것이고, **자녀의** 두려움은 사랑하는 부모를 잘못 대하거나 욕되게 할까 봐 두려운 것이다. 따라서 우리의 "두려움"은 위대하고 선하신 하나님을 향한 외경과 경외에 초점이 맞추어져야 한다. 현대의 기독교에는 이런 두려움이 턱없이 부족하다. 하나님이 우리를 아바 아버지의 인격적 친밀함 속으로 불러 주시다 보니 자칫 우리 쪽에서 경솔하고 무엄하게 그 관계를 변질시키기 쉽다. 사실은 만물을 지으시고 붙드시는 그분을 건강하게 두려워하고 우러르는 마음을 한시라도 잃어서는 안 된다. 아마 이것이 '주님을 두려워한다'라는 표현을 계속 써야 할 좋은 이유일 것이다.

상승 단계와 하강 단계

베르나르는 겸손의 상승 단계와 교만의 하강 단계를 양쪽 다 논함으로써 우리에게 유익한 통찰을 준다. 겸손의 상승 단계는 하나님을 사랑하는 데서 시작하여 결국 이웃 사랑을 낳지만, 반대로 교만의 하강 단계는 이웃을 멸시하는 데서 시작하여 결국 하나님까지 멸시하기에 이른다.

이것이 내게 어떻게 도움이 될까? 내 이웃을 멸시하는 감정이 들어 그것이 예컨대 험담으로 표출된다면 조심해야 한다. 지금 내 마음속에 교만의 씨앗이 심겨지고 있고, 그래서 결국 하나님까지 멸시하게 될 테니 말이다. 거꾸로 내 이웃을 사랑하는 법을 배우려면 먼저 하나님을 사랑할 줄 알아야 한다. 그러면 하나님의 때에 하나님의 방식으로 그것이 이웃 사랑으로 연결될 것이다.

겸손에 대한 아름다운 가르침

오늘은 고난주간과 부활절로 이어지는 종려주일이다. 종려주일 자체가 겸손에 대한 아름다운 가르침이다. 우리는 다 교회 예배에서 아이들이 종려나무 가지를 흔드는 데 익숙해져 있다. 우리에게 그것은 나귀를 타고 예루살렘에 입성하신 예수님과 종려나무 가지를 흔들며 "호산나, 찬송하리로다. 주의 이름으로 오시는 이 곧 이스라엘의 왕이시여"라고 외친 무리를 상기시킨다(요 12:13). 예수님이 예루살렘에 들어가신 이 시간은 성경 소제목과 교회 주보에 '승리의 입성'으로 표기된다. 그러나 우리는 이 장면이 로마의 승전 입성과는 완전히 대조적이라는 것을 곧잘 망각한다. 로마의 장군들은 나팔 소리가 울려 퍼지는 가운데 늠름한 말을 타고 군대를 거느리며 행진했다. 요즘으로 비유하자면 탱크와 지대공 미사일과 병력으로 구성된 대규모 군사 행렬을 떠올리면 될 것이다.

예수님의 예루살렘 입성은 그렇게 자기중심적으로 힘과 권세와 지배력을 과시하는 것과는 정반대였다. 그분은 나귀를 타고 들어가셨고, 이 "질고(슬픔)를 아는 자"를 향한 무리의 사랑과 애정은 자발적 표현이었다. 1세기든 우리 시대든 간에 왕과 권력자는 아주 노골적으로 위협과 압제를 일삼지만, 그분께는 그런 기미조차 없다. 이것이

왕이신 예수님의 겸손이다. 이 왕은 "상한 갈대를 꺾지 아니하며 꺼져 가는 심지를 끄지 아니하"시는 분이다(마 12:20; 사 42:3). 보다시피 예수님은 왕이신데도 결코 가난한 사람을 짓밟거나 아주 가녀린 희망조차도 끄지 않으신다.

마음의 고개가 숙여진다

기독교 달력에서 오늘은 '계명Maundy의 목요일'이다. 이 이름은 '명령'을 뜻하는 라틴어 단어 *mandatum*에서 유래했다. 현대 영어의 mandate라는 단어에 그 뜻이 남아 있다. 이 명칭의 근거는 예수께서 의미심장한 두 사건의 중간에 베푸신 긴 가르침 속에 등장한다. 신학에서는 이 가르침을 '다락방 강화'upper room discourse라 부르는데, 가르침의 핵심은 바로 예수님의 이 말씀이다. "새 계명을 너희에게 주노니 서로 사랑하라. 내가 너희를 사랑한 것같이 너희도 서로 사랑하라. 너희가 서로 사랑하면 이로써 모든 사람이 너희가 내 제자인 줄 알리라"(요 13:34-35). 이것이 목요일의 그 "계명"이다. 즉 우리가 서로 사랑해야 한다는 명령이다. 아주 단순하고도 심오하다. 이 명령대로 사는 법을 배우면 삶이 완전히 달라진다.

이 가르침을 앞뒤로 에워싸고 있는 의미심장한 두 사건이란 곧 예수님이 제자들의 발을 씻어 주신 일과 흔히 성찬식이라 부르는 주의 만찬을 제정하신 일이다.

제자들은 유월절을 쇠려고 다락방에 모여 있었다. 그들의 발은 마르고 흙먼지가 묻고 갈라져 있었다. 발을 씻어 주는 천한 일은 으레 종의 몫인데 마침 종이 없었다. 그래서 예수께서 나서서 그들의 발을 씻어 주신다. 그분이 다시 자리로 돌아와서 하신 말씀이 있다. "내가 너희에게 행한 것을 너희가 아느냐. 너희가 나를 선생이라 또는 주라 하니 너희 말이 옳도다. 내가 그러하다. 내가 주와 또는 선생이 되어 너희 발을 씻었으니 너희도 서로 발을 씻어 주는 것이 옳으니라. 내가 너희에게 행한 것같이 너희도 행하게 하려 하여 본을 보였노라"(요 13:12-15). 와! 지극한 겸손의 살아 있는 모본이다. 지면의 활자로 읽기만 해도 내 마음이 겸허해진다.

둘째 사건은 예수님과 열두 제자가 다락방에서 나눈 유월절 기념 식사다. 그런데 이번에 그분은 이 거룩한 의식에 전혀 새로운 의미를 부여하신다. 위대한 출애굽 사건 이후로 유월절은 죽음의 천사가 이집트에 노예로 묶여 있던 이스라엘 자손을 '넘어간' 일을 기념하는 절기였다(유월절의 '유월'逾越은 넘어간다는 뜻이다-옮긴이). 그런데 이 날 밤 예수님은 무교병을 들고 감사하신 뒤에 떼어 주시며 "이것은 너희를 위하는 내 몸이니 이것을 행하여 나를 기념하라"라고 선언하시고, 또 포도주잔을 들고 "이 잔은 내 피로 세운 새 언약이니 이것을 행하여 마실 때마다 나를 기념하라"라고 선언하신다. "너희가 이 떡을 먹으며 이 잔을 마실 때마다 주의 죽으심을 그가 오실 때까지 전하는 것이니라"(고전 11:23-26). 감사하고 황송하여 절로 마음의 고개가 숙여진다!

최고의 희생

예수님의 길을 따르는 이들은 이 금요일에 최고의 희생인 그분의 십자가 죽음을 기억한다. 이것이야말로 온 인류사에서 가장 겸손한 행위가 아닐 수 없다.

예수께서 십자가에서 마지막으로 하신 말씀은 "다 이루었다"라는 승리의 외침이다. 이것은 그저 그분의 생이 다했다는 선언이 아니다. 천만의 말이다. 들을 귀 있는 모든 자에게 그분은 위대한 구속^{救贖} 사역이 완수되었음을 공포하신 것이다. 십자가에서 예수님은 어두운 인류의 모든 죄와 반항을 대신 지시고 자신의 피로 구속하셨다. 모든 시대의 모든 슬픔, 모든 눈물, 모든 고난, 모든 잔인한 만행, 모든 절규. 이 모두를 그분이 친히 담당하시고 구속하셨다. 그래서 "다 이루었다"라고 승전을 알리신 것이다.

이 위대한 구속의 행위가 나를 겸허하게 한다. 말로는 표현이 안 된다. 그저 십자가 밑에 무릎 꿇고 말없이 경배하며 우러를 뿐이다.

넷째 주

소수 의견

베네딕투스와 베르나르에게 꼭 이의를 제기하고 싶은 게 하나 있다. 바로 둘이 똑같이 언급한 유머의 문제다. 그들이 쓴 어법으로 보아 둘 다 유머를 강하게 배격했다고 보아도 무방하다. 베네딕투스는 "겸손의 열째 단계는 걸핏하면 버릇처럼 웃지 않는 것이다"라고 썼다.[8] 베르나르도 교만의 하강 단계에 웃음의 위험을 이렇게 지적했다. "그런 사람은 가끔씩 그냥 웃음을 멈추지 못하거나 생각 없이 들뜬 기분을 감추지 못한다. 마치 잔뜩 부푼 공기 주머니에 구멍을 내고 꽉 쥐는 것과 같아서, 길이 막힌 공기는 연신 푸푸거리며 작은 구멍으로 새어 나간다."[9]

물론 유머가 과할 수 있음을 나도 안다. 실제로 어떤 유머는 공격이나 비하나 가해의 무기로 쓰이기도 한다. 아마 베네딕투스와 베르나르도 그저 유머가 하나님께 집중하는 삶을 방해할 수 있다는 취지로 말했을 것이다.

그러나 나는 소수 의견을 제시하여 다정한 웃음을 변호하고 싶다. 사랑의 유머는 공동체의 삶을 세워 줄 수 있다. 솔직히, 답답하리만치 따분한 존재가 되는 것은 종교적인 사람의 직업병이다. 유머의 도움으로 그 위험을 물리칠 수 있다. 자신을 너무 심각하게 대하지 않도록 유머가 단호히 막아 주기 때문이다. 자신의 과실과 약점을 웃어넘길 수 있다는 것은 은혜다. 유머에 힘입어 우리는 예측할 수 없는 불시의 사태도 기꺼이 받아들일 수 있고, 터무니없고 부조리한 일도 찬찬히 음미할 수 있다. 기도와 쾌활함 사이에 굳이 거대한 괴리를 지어낼 필요는 없다.

그런 면에서 나는 토머스 켈리Thomas Kelly의 이 말이 좋다. 그는 자신이 속한 신앙 전통을 살짝 꼬집으면서 이렇게 썼다. "나는 영적으로 떫은 감만 먹는 듯한 시무룩하고 근엄한 퀘이커교도로 늙기보다는 태양에게도 찬가를 불러 주는 유쾌한 성 프란체스코가 되고 싶다."[10] 무슨 말이 더 필요하겠는가!

배운 것을 가르칠 따름이다

베르나르는 그 책을 '갓프리 수사'라는 한 사람을 위해서 썼다. 갓프리가 베르나르에게 "겸손의 등급에 대하여"라는 그의 여러 설교를 글로 더 상술해 달라고 요청했기 때문이다. 처음에 베르나르는 본인의 표현으로 "내 실력에 자신이 없어서"[11] 그 일을 주저했으나 결국 뜻을 굽히고 책을 쓰면서 이렇게 덧붙였다. "이 글에 조금이라도 유익한 내용이 있거든 내가 교만에 빠지지 않도록 기도해 주기 바란다. 유익한 게 하나도 없다면(그럴 소지가 더 높겠지만) 더더욱 교만할 이유가 없다."

물론 베르나르는 글의 주제를 겸손으로 국한하지 않고 교만에 대해서도 아주 유익한 내용을 보탰으며, 그래서 지금은 책 제목이 『겸손과 교만의 단계』가 되었다.

베르나르의 결어는 내가 그 책 전체에서 가장 좋아하는 대목 중 하나다. 앞서 웃음에 대한 그의 부정적 견해에 이의를 제기했는데, 이것이야말로 내가 보기에 10세기 버전의 고상한 유머다. 베르나르는 이렇게 썼다.

갓프리 수사여, 아마 그대는 이렇게 말할 것이다. 내가 겸손의 단계 대신 교만의 단계를 기술했으니 그대의 요청을 벗어나 내 갈 길로 간 것 같다고 말이다. 하지만 나는 배운 것을 가르칠 따름이라고 말할 수밖에 없다. 내 생각에 나는 상승을 논할 적임자가 못 된다. 위보다는 아래로 치닫는 내 성향을 잘 알기 때문이다. 겸손을 마음속에 품고 산 성 베네딕투스라면 그대 앞에 겸손의 단계를 제시할 수 있겠지만, 나는 내 하강의 길 외에는 그대 앞에 내놓을 게 없다. 다만 그 내용을 신중히 살펴 그대만은 위로 올라갈 길을 찾기를 바란다.[12]

많은 의문

오늘 누가복음 9:46-48이 내 마음을 사로잡는다. "제자 중에서 누가 크냐 하는 변론이 일어나니 예수께서 그 마음에 변론하는 것을 아시고 어린아이 하나를 데려다가 자기 곁에 세우시고 그들에게 이르시되 '누구든지 내 이름으로 이런 어린아이를 영접하면 곧 나를 영접함이요 또 누구든지 나를 영접하면 곧 나를 보내신 이를 영접함이라. 너희 모든 사람 중에 가장 작은 그가 큰 자니라.'" 이 본문은 내 머릿속에 많은 의문을 불러일으킨다.

- 누가 크냐 하는 변론은 애초에 무엇 때문에 불거졌을까?
- 예수님은 왜 큰 자에 대한 가르침을 아이로 예시하셨을까?
- 실제적인 차원에서 어떻게 "가장 작은 그가 큰 자"일까?

한동안 이런 의문을 품고 살면서 무엇을 배울 수 있을지 봐야겠다.

누가 가장 작은가?

누가 크냐를 두고 인간이 변론할 때마다 그 밑바닥에는 누가 가장 작은가에 대한 두려운 우려가 깔려 있다. 자신이 "큰 자"가 아닌 거야 우리 대부분이 알지만 그래도 "가장 작은" 자만은 되고 싶지 않은 것이다. 아마도 그래서 예수님은 아이를 데려다가 말씀의 요지를 예시하신다. 그 당시에는 아이가 **가장 작은** 자였다. 내 생각에 지금도 상황은 크게 달라지지 않았다. 사람들이 모여서 대화할 때면 대개 아이들은 거기에 낄 수 없다. 대화 현장에 아이를 있게 해주는 경우에도 아이는 듣기만 해야지 말해서는 안 된다.

환대하는 마음

아이가 "큰 자"의 적절한 본보기인 까닭은 모든 사람을 다 환대할 줄을 알기 때문이다. 상대가 누구든 관계없다. 서로 모르는 아이들도 놀이터에서 금세 즐겁게 함께 논다. 이 환대하는 마음이 큰 자의 핵심이 아닐까.

거대한 꽃다발

세상에! 오늘 아침 캐슬우드 캐니언은 완전히 들꽃의 거대한 꽃다발로 뒤덮여 있다.

- 가녀린 연보라색 **할미꽃**이 지천에 널려 있다. 가장 먼저 피는 꽃 중 하나로 부활절 무렵에 개화한다 하여 부활절 꽃이라 불리기도 한다. 시인 배저 클라크^{Badger Clark}는 할미꽃을 "눈밭 언저리에 피는 당찬 생명의 징후"라 표현했다.
- **달맞이꽃**의 순백색 꽃잎이 여명 속에 반짝이고, 그 샛노란 꽃술이 서늘한 새벽바람에 흔들린다.
- 봉오리처럼 예쁜 분홍색 **냉갈꽃**이 두루 흩어져 있어 계곡이 한결 우아해 보인다.
- 깊은 골을 따라 쭉 퍼져 나간 연한 자주색 **로코풀**은 등산로를 걷는 사람을 품위 있게 맞이한다.

문득 의문이 든다. 꽃도 겸손할 수 있을까? 나도 모른다. 그냥 궁금해진다.

물론 꽃의 '겸손'은 지독한 교만과 해로운 자기기만으로 힘들어하는 우리의 경우와는 의미가 다르다. 하지만 꽃이 그것을 지으신 분의 속성을 얼마간 닮은 것만은 분명하지 않은가? 그러니 이 수려한 들꽃 속에 하나님의 깊은 겸손도 어떻게든 깃들어 있지 않을까? 조금도 거들먹거리거나 우쭐대지 않고 찬란한 빛과 아름다움을 뿜어내는 꽃무리를 물끄러미 바라본다. 꽃은 그냥 모두가 보도록 그 자리에 있을 뿐이다. 그 미관을 어찌 인간의 말로 형언할 수 있으랴. 계곡에 핀 꽃의 모든 영광 속에서 겸손의 아름다움을 조금 배운다.

5. 몸이 불어나는 달

○ 4월 23일-5월 20일

명예

> 겸손한 자에게는 지혜가 있느니라.
>
> 잠언 11:2

어느 날 사막의 안토니우스가 암자 밖으로 나와서 보니
마귀의 온갖 덫이 그물처럼 세상에 두루 퍼져 있었다.
그가 두려워 큰 신음을 토하며
"나의 하나님! 어떻게 누군들 구원받을 수 있겠나이까?"
라고 부르짖자 하늘에서 음성이 들려왔다.
"겸손해야 하느니라."

사막의 안토니우스 Antonius

> 첫째 주

성품의 힘

라코타족의 넷째 덕목은 '와유오니한' *Wayuonihan*, 즉 '명예'이며 이렇게 설명된다. "명예란 훌륭한 사람이 되어 성품의 힘을 갖춘다는 뜻이다. 명예는 존중 등 다른 많은 덕목과 짝을 이룬다. 덕을 실천하는 사람은 그만큼 진실하고 존엄하여 거기서 명예가 싹튼다. 겸손은 명예의 나무뿌리에 물을 주고, 명예는 사랑을 열매로 맺는다. 명예로운 사람은 부끄러운 행동보다 비폭력과 연민의 길을 택한다."[1]

덕목끼리 서로 맞물려 있음을 강조하는 말이 특히 반갑다.

달 이름의 뜻

이번 달 이름을 이해하는 데 어려움이 있었다. 원어 '위하하다 세파피' *Wihahata Cepapi*의 다양한 영어 번역이 혼란을 주었다. '살찌는 달'로부터 '골수 지방 때문에 뼈가 갈라지는 달'까지 별의별 표현이 다 있었다. 각 번역마다 라코타족 문화와 뭔가 상관이 있겠거니 생각할 뿐이다. 마침내 한 원로의 설명을 읽고 나서야 이해가 되었다. 그는 이렇게 썼다. "이번 달 이름은 동물 암컷을 따서 지어졌다. 새끼 밴 동물은 출산을 앞둔 이 시기에 몸집이 가장 커졌다."[2] 그래서 몸이 불어나는 달인 것이다. 당연하다.

흔한 오해

겸손을 주제로 사람들과 대화하고 책을 읽고 실천에 힘쓰다 보면 한

가지 흔한 오해에 부딪힌다. 진짜 겸손한 사람일수록 자신이 겸손한 줄을 모른다는 개념이다. 자신의 겸손을 안다면 오히려 겸손하지 못하다는 증거라는 것이다. 내가 본 사람들은 이 때문에 갈피를 잡지 못하다가 결국 자신에게 거짓말을 해야만 했다. 최고의 덕목인 겸손을 정말 갖춘 사람인데도 자신이 겸손할 리가 없다는 것이다.

이 오해 때문에 결국 사람들은 겸손해지려는 노력을 아예 그만둔다. 그러다 보니 겸손을 촉구하는 많은 성경 본문을 어떻게 이해해야 할지 마냥 난감해한다. "너희가 다 마음을 같이하여 동정하며 형제를 사랑하며 불쌍히 여기며 **겸손하며**"(벧전 3:8). "그러므로 하나님의 능하신 손 아래에서 **겸손하라**"(벧전 5:6). "자기를 **낮추는** 자는 높아지리라"(눅 18:14). "너희는 하나님이 택하사 거룩하고 사랑받는 자처럼 긍휼과 자비와 **겸손**과 온유와 오래 참음을 옷 입고"(골 3:12). "누구든지 이 어린아이와 같이 자기를 **낮추는** 사람이 천국에서 큰 자니라"(마 18:4). 그 밖에도 많이 있다.

이 오해를 바로잡을 방도가 있을까? 물론 있다. 한 가지 간단한 출발점은 다른 사람들에게서 보이는 교만 즉 겸손의 반대에 주의를 기울이는 것이다. 어떻게든 주목받으려고 거들먹거리고 우쭐대는 모습을 우리는 늘 본다. 그런데 그것을 보면서도 전혀 비판하거나 문제의식을 느끼지 못한다. 우리 또한 주목받으려고 거들먹거리고 우쭐대는 면이 있기 때문이다. 실제로 이 과정에서 우리 삶의 그런 숨은 구석이 드러날 소지가 높다.

그다음으로 다른 사람들에게서 나타나는 건강한 겸손을 보면 도움이 된다. 잘 관찰하고 경청하기만 하면 그것을 어렵잖게 볼 수 있다. 사람을 대할 때의 잔잔한 자신감, 편안한 웃음, 거의 반사적으로 좌중의 다른 사람을 높여 주는 태도 등이 우리 눈에 들어온다.

그런 행동을 모방하려는 것은 아니다. 그래 봐야 피상적이고 해로운 율법주의에 빠질 뿐이다. 그냥 겸손이 모든 관련자에게 미치는 선한 영향을 지켜보면서 그 장면을 뇌리에 새기면 된다.

끝으로 겸손을 추구할 때 가장 중요한 점은 간접성의 원리를 따르는 것이다. 겸손이란 우리가 직접 얻으려 애쓰는 게 아니다. 그래서는 오히려 교만을 부채질할 뿐이다. 겸손은 간접적으로 다가갈 문제다. 그냥 어떤 것들에 힘쓰다 보면 그것이 하나님의 때에 하나님의 방식으로 우리를 겸손의 덕목에 이르게 한다. 섬김이라는 영적 훈련이 확실한 예다. 다른 사람을 섬길 길은 얼마든지 많이 있다. 그렇게 섬기다 보면 우리의 내면 깊은 곳에 점차 뭔가가 견고히 세워진다.

정확히 어떻게 그런지는 나도 모른다. 모르는 게 당연하다. 이것은 하나님의 은혜가 역사하는 것이며, 우리 인간은 은혜의 숨은 역사를 결코 다 이해할 수 없다. 신기하게도 하나님은 그런 단순한 행위를 통해 우리를 계속 변화시키셔서 마침내 셰이커교의 옛 찬송가 가사처럼 "제자리로 돌아오게" 하시는 것 같다. 이 모두는 마음의 깊은 구석에서 벌어지는 내면의 일이지만, 그 여파는 겉으로 드러나게 되어 있다. 이제부터 우리는 여태 거들떠보지도 않던 사람들을 주목하게 된다. 더 새롭고 깊은 방식으로 사람들을 돌본다. 타인의 성공을 진심으로 기뻐하며, 타인의 고통과 슬픔 속에도 웬만큼 들어갈 수 있다. 바로 이런 변화가 나타난다.

이 과정이 진행되는 동안 우리 내면 깊은 곳에 겸손이 자라는 게 점차 감지된다. 게다가 이 모두의 백미는 우리가 이런 변화를 떠벌릴 필요성을 전혀 느끼지 못한다는 데 있다. 이전에 주목받으려고 거들먹거리고 우쭐대던 게 더는 우리를 몰아가지 못할뿐더러 그럴 마음조차 동하지 않는다.

이런 결과를 이루어 내는 것은 우리의 능력을 훌쩍 벗어나는 일이다. 하나님만이 마음의 내적 역동을 변화시키실 수 있다. 이것이 야말로 이 과정이 하나님의 은혜로 이루어진다는 확실한 증거다. 그래서 우리는 마음속에 자라나는 겸손을 인해 하나님께 감사드릴 뿐이다.

굴욕의 파괴성

겸손이라는 덕목과 우리 문화에 만연해 있는 굴욕의 문제를 내 머릿속에 명확히 구분해 두고 싶다.

겸손의 덕목은 하나님이 주시는 은혜다. 우리는 넘치는 은혜로 역사하시는 그분께 동참하는 것이며, 이 동참은 겸손을 기르기에 적합한 여러 훈련을 통해 이루어진다. 이 노력에서 최고의 훈련은 섬김이다. 고독도 중요해 보이고 침묵도 마찬가지다. 어쨌든 이런 활동이 우리를 겸손과 어원이 같은 **흙** 가까이로 이끌어, 우리 영혼 깊은 곳에서 하나님 및 사람들과 바른 관계를 가꾸게 해준다.

자신을 낮추는 행동도 있다. 내가 보기에 이것은 우리를 사랑으로 돌보시고 주관하시는 하나님의 놀라운 권위를 자발적으로 인정한다는 뜻이다.

반면에 굴욕은 사람을 비하하거나 해할 목적으로 타인이 가하는 것이다. 예컨대 학교 아이들은 자폐아를 놀리고 비웃는다. 상사는 부하 직원의 실적을 깎아내린다. 자녀를 업신여기는 부모도 있다. 모욕은 늘 망신을 주고 평판을 해쳐 사람을 무너뜨리려 한다. 이런 행동에 가담하는 사람일수록 자신이 못났다는 뿌리 깊은 두려움이 있지 않을까?

요컨대 우리가 추구하는 것은 참으로 겸손한 마음이지 결코 타인에게 굴욕을 주는 게 아니다.

교만을 쓰러뜨리는 겸손

오늘은 우리가 아는 도덕적 삶에 지대하게 공헌한 폰투스의 에바그리우스(Evagrius of Pontus, 4세기)를 곰곰 생각해 본다. 그는 "8대 경건의 덕목"[3]과 "8대 해악의 생각"을 정리했고, 전자로 후자를 물리쳐야 한다고 보았다.

이런 통찰은 에바그리우스 자신을 파멸로 몰아갈 뻔했던 도덕적 실패의 산물이었다. 콘스탄티노플의 떠오르는 별이자 당대의 전설적 인물이던 그에게 교회 고위직은 떼어 놓은 당상이었다. 그런데 한창 사역하던 중에 그는 어느 유부녀를 열렬히 사랑하게 되었다. 앞길을 막는 자신의 정욕이 두려워서 그는 이집트의 사막으로 도피하여 다시는 콘스탄티노플로 돌아오지 않았다.

사막에서 에바그리우스는 먼저 "8대 해악의 생각"을 다듬었다. 우리 삶을 파괴하는 여덟 가지 악이란 식탐, 분노, 탐욕, 허영, 교만, 정욕, 태만, 침울이다. 그러나 그는 거기서 그치지 않고 더 나아가 "8대 경건의 덕목"도 제시했다. 이를 통해 우리가 하나님 아래서 해악의 생각을 극복해야 한다는 것이다. 그가 보기에 식탐을 이기려면 절제의 덕목을, 분노를 이기려면 온유의 덕목을, 탐욕을 이기려면 아량의 덕목을, 허영을 이기려면 행복의 덕목을, 교만을 이기려면 겸손의 덕목을, 정욕을 이기려면 순결의 덕목을, 태만을 이기려면 근면의 덕목을, 침울을 이기려면 지혜의 덕목을 각각 가꾸어야 한다.

이 목록에서 내 관심사는 **겸손**이 정확히 어떻게 **교만**을 이기는지를 이해하는 것이다. 인간의 평범한 삶에서 교만은 아주 강해 보이고 겸손은 아주 약해 보인다. 그런데 정확히 어떻게 겸손이 교만을 물리칠 수 있단 말인가? 자신이 중요한 존재라고 과신하는 교만이 어떻게 겸손 같은 것에게 져서 쓰러질 수 있을까? 겸손은 어느 모로 보나 아주 무르고 가녀리고 미약해 보이는데 말이다. 앞으로 며칠 동안 이 문제에 대해 뭔가 깨달음을 얻을 수 있을지 봐야겠다.

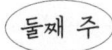

겸손과 교만의 대비

흥미롭게도 겸손과 교만의 대비는 도덕성 함양과 관계된 모든 문헌에 두루 나타난다. 4세기 에바그리우스의 사상을 이제 막 살펴보았거니와 20세기의 C. S. 루이스도 이런 유익한 말을 남겼다. "이 하나의 악이 없는 사람은 세상에 아무도 없다. 이 악이 남에게 있으면 세상 모든 사람이 싫어하지만, 정작 자신에게도 같은 죄가 있다고 생각하는 사람은…거의 없다.…이 악은 바로 교만 내지 자만심이며, 그 반대의 덕목을 기독교 도덕에서는 겸손이라 한다."4

그리스도의 모성애가 필요한 자녀

겸손을 여성의 관점에서 보는 것도 유익하겠다. 가장 먼저 떠오르는 여성이자 내가 아는 최고의 적임자는 『하나님 사랑의 계시』Revelations of Divine Love, 은성를 쓴 노리치의 줄리안 Julian of Norwich이다. 줄리안은 영어로 책을 쓴 최초의 여성이다. 정확히는 중세 영어였다. 그녀에 대한 그레이스 해먼Grace Hamman의 에세이가 내 공부에 풍부한 자원이 되어 준다.5

줄리안의 잘 알려진 광범위한 은유에서 하나님과 그리스도는 어머니시고 신자는 그분의 자녀다. 그녀는 이렇게 썼다.

> 하나님은 참으로 우리 아버지이신 만큼이나 또한 참으로 우리 어머니시며, 그것을 만물과 특히 이 달콤한 말씀 속에 계시하셨다. "내가 곧 그니라. 즉 나는 능하고 선한 아버지이자 지혜롭고 자애로운 어머니니라. 나는 빛과 은혜와 모든 복된 사랑이고, 하나로 연합한 삼위일체 하나님이며, 천지만물의 크고 지고한 선(善)이니라." 하나님은 참으로 우리 아버지이신 만큼이나 또한 참으로 우리 어머니시다. 아버지는 뜻하시고, 어머니는 이루시고, 선하신 우리 주 성령은 인을 치신다.6

제60장에서 줄리안은 "우리의 참되신 어머니 예수님", "우리의 귀하신 어머니 예수님", "우리의 자애로우신 어머니 예수님"에 대해 말한다.

줄리안에 관한 그간의 문헌에서 그리스도가 "어머니"시라는 은유는 많이 부각되었으나 우리가 자녀라는 은유는 거의 주목받지 못했다. 자녀인 우리에게 그리스도의 모성애가 필요하다는 그녀의 강조점은 창의적이며 참으로 유익하다. 그녀는 특히 겸손과 온유의 덕목에 주목한다. 『중세 영어 사전』*Middle English Dictionary*에서 **온유**와 **겸손**은 사실상 비슷한 말로 정의된다. 줄리안의 『하나님 사랑의 계시』에 온유와 그 파생형이 48회쯤 등장한다. 자녀인 우리가 온유해지려면 특히 하나님에게서 멀어진 우리의 죄성을 깨달아야 한다. 그녀는 자녀의 '깊은 의존'에 주목한다.

중세의 대다수 관상觀想 작가들은 덕의 형성을 사다리나 계단을 타고 단계별로 올라가는 지식의 등급으로 묘사한다. 요한 클리마쿠스John Climacus의 『거룩한 등정의 사다리』 *The Ladder of Divine Ascent*, 은성나 월터 힐턴Walter Hilton의 『완전의 계단』*Scale of Perfection*을 생각해 보라. 반면에 줄리안의 모자母子 은유가 그려 내는 성장 과정은 육아에 수반되는 수고로운 일과에 더 가깝다. 곧게 뻗은 진척의 사다리는 여기에 없고, 줄리안이 보는 것은 매일의 성장이라는 더딘 과정이다. 그래서 해먼은 이렇게 썼다. "줄리안이 어머니와 자녀의 비유를 통해 탐색하는 변화 과정은 자녀를 기르는 반복적 일상과 아주 비슷하다.…오랜 과정과 매일 되풀이되는 양육을 통해 자녀의 신체와 도덕과 특히 영성이 형성된다."[7]

줄리안의 차이점이 또 있다. '이생에서 우리가 큰 죄를 지었다'라는 인식이 중요하다고 강조하면서도, 이에 상응하는 하나님의 정죄는 없다는 것이다. 그녀는 "우리 어머니의 자상하고 은혜로운 손길은 늘 우리를 위해 빠르고 부지런하시다. 매사에 그분은 자모慈母의 본분을 다하시며, 자녀를 안전하게 돌보는 데 전념하신다"라고 썼다.⁸

이 모두는 틀림없이 학습과 성장으로 이어진다. 다시 줄리안의 말이다. "온유와 겸손에 이르려면 자신이 타락한 존재임을 알아야 한다. 그래야만 우리가 하늘로 높여지기 때문이다. 온유하지 않고는 결코 높여질 수도 없다."⁹

여기에 내가 배우고 자랄 부분이 있는 것만은 분명하다. 한동안 줄리안의 글을 품고 살아야겠다. 그녀는 내게 전율과 좌절을 동시에 안겨 준다.

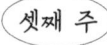

비뚤어진 갈망

교만이 아주 강해 보이는 이유는 내 생각에 교만이 우리의 모든 갈망과 욕구를 **자아** 위주로 몰아가기 때문이다. 그래서 우리의 사고와 삶에서 인간의 자아가 최고 핵심이 된다. 여기에 더하여 교만의 핵심 요소는 권력욕이다. 교만은 기어이 모든 일과 모든 사람을 통제하고 관리하려 한다. 나아가 셋째로 교만과 자아도취의 밀접한 관계에 주목하라. 그래서 교만은 비뚤어진 갈망의 단적인 사례다. 이런 여러 요인이 엄청난 힘으로 자아를 잡아끌기 때문에 교만은 실로 막강해 보인다.

구심력

반면에 겸손은 엄청난 구심력이 있어 우리를 안쪽의 중심부로, 즉 본연의 삶 속으로 끌어당긴다. 겸손은 늘 우리를 순리와 원형과 실재 속으로 이끌지만, 교만은 늘 창조 본연의 우리 모습을 일그러뜨린다.

다른 사람의 겸손을 보면 정말 매력이 넘친다. 반대로 교만에 사로잡힌 사람을 보면 교만이 역리와 기형과 변질로 느껴진다. 겸손은 아름답지만 교만은 흉하다.

우리가 갈구하는 가치와 존엄

겸손은 우리가 갈구하는 가치와 존엄을 긍정한다. 겸손은 하나님이 우리를 얼마나 기뻐하시며, 우리가 그분께 얼마나 중요하고 의미 있고 심지어 고귀한 존재인지를 가르쳐 준다. 겸손은 우리의 가치와 존엄을 올바른 출처에서 찾도록 질서를 잡아 준다.

교만이 하는 일은 정반대다. 교만은 이런 갈망을 변질시켜 자아에 몰입하게 한다. 악한 교만이 최고 통치자가 되면 내가 매사의 중심이 **되어야만** 한다. **반드시** 내가 손에 넣고 지배하고 이겨야 한다.

겸손은 하나님의 선물이다

우리 힘으로는 겸손을 얻을 수 없다. 우리의 행위를 통해 하나님께 도달하는 게 아니라 그분이 먼저 우리에게 다가오신다. 그분의 주도권을 우리가 이끌어 낼 수는 없다. 결국 겸손은 하나님의 선물이다. 하지만 우리도 겸손을 은혜로 받을 준비는 할 수 있다. 우리의 뜻을 하나님께 맞추면 된다.

겸손이 하나님의 선물이라는 내 말이 맞는다면, 겸손이 정말 강하다는 확신도 가능해진다. 겸손은 교만의 굴레마저도 꺾어 버릴 만큼 강하다.

넷째 주

겸손은 정확히 어떻게 교만을 이기는가

며칠 전에 아주 탁월한 영성 지도자인 팻을 만나, 겸손이 정확히 어떻게 교만을 이기는지에 대한 그녀의 생각을 물었다. 대화 중에 팻은 자신이 지도하고 있는 어떤 사람의 최근 경험을 언급하면서, 이것이 내가 씨름하고 있는 문제에 대해 뭔가 깨달음을 줄지도 모른다고 말했다. 내 부탁으로 팻은 그 경험을 글로 써서 이메일로 보내 주었다. 물론 상대의 기밀은 유지되었다. 다음은 그녀가 쓴 글이다.

'케이티'(가명)는 피정 행사를 맡은 사역 리더였고, 팀으로 함께 일하는 리더들도 있었어요. 각기 다른 강연 주제가 리더별로 배당되었는데, 그중 한 사람이 특정한 강연을 자기가 맡겠다고 우겼답니다. 본인이 가장 잘 아는 분야라서 가장 잘할 수 있다면서요. 그런데 케이티도 그 강연을 하고 싶었어요. 그 다른 여자가 얼마나 잘할지도 모르는 일이고요(교만). 본래 케이티는 모든 사람의 비위를 맞추는 편이라서 평소대로라면 그 여자의 뜻대로 따라 주면서 속으로만 못마땅해했을 겁니다(역시 교만). 그런데 이번에는 자신의 내면에 벌어지는 일을 한동안 관상했고(하나님께 자기 내면에 역사하실 기회를 드림). 그 강연을 꼭 자신이 할 필요는 없음을 기도 중에 깨달았습니다. 해도 되고 안 해도 되었던 거지요(초연). 그래서 그 강연을 그 여자에게 넘기기로 했습니다(선택). 자기를 훌륭한 리더로 보아 주거나 좋아해 주기를 바라서가 아니라 자발적 선택이었지요. 케이티의 말로는 그 여자가 강연을 아주 잘했고 자신도 함께 기뻤답니다. 무엇보다도 케이티는 자신이 새로운 자유를 경험했고(겸손) 자신의 삶이 조금이라도 변화되어 기쁘다고 말했습니다.

바로 내가 찾던 답이다. 피상적 행동만이 아니라 마음의 태도와 직결되기 때문이다. 구체적인 관계의 정황 속에서 교만이 어떻게 작용하며 그것을 겸손한 마음으로 어떻게 물리칠 수 있는지가 여기에 잘 기술되어 있다. 나도 '케이티'를 더 닮고 싶다!

자아에 매여 있지 않은 놀라운 자유

오늘은 자리에 앉아서, 일과를 처리하는 사람들을 지켜본다. 진행되는 대화를 듣는다. 그들의 몸짓 언어에 주목한다.

일부는 사람들에게 잘 보이려고 애쓰는 것 같고, 일부는 두려운 듯 소심해 보인다. 일부는 모든 사람을 지배하려는 듯 괄괄하고, 일부는 주변 분위기에 휩쓸리는 것 같다.

그런데 사뭇 달라 보이는 독특한 소수가 있다. 그들은 진정한 관심을 품고 사람들의 말을 경청하며, 잘 보이기 위해서가 아니라 그냥 대화에 동참하려고 스스럼없이 말한다. 그들은 남달리 편안해 보인다. 무엇보다도 그들의 특징은 자아에 매여 있지 않은 놀라운 자유다. 내 생각에 참으로 겸손한 사람들이다.

6. | 푸른 잎이 돋는 달

○ 5월 21일-6월 17일

사랑

너희가 다 마음을 같이하여 동정하며
형제를 사랑하며 불쌍히 여기며 겸손하며.
베드로전서 3:8

진실을 말하는 데는 많은 말이 필요하지 않다.
네즈퍼스족 추장 조셉[1]

모든 것을 다스리는 사랑

라코타족의 다섯째 덕목은 반갑게도 '찬도그나케'*Cantognake*, 즉 '사랑'이다. 이 덕목은 이렇게 묘사되어 있다. "사랑이란 연민 이상으로 마음속에 감정의 불꽃을 품는 것이다. 사랑은 모든 것을 다스린다. 온 우주가 사랑 때문에 존재한다. 사랑은 모든 피조물의 동인動因이다."[2]

사랑이 우리 모두가 추구해야 할 핵심 덕목으로 강조되고 있어서 기쁘다.

이토록 다채로운 아름다움

'푸른 잎이 돋는 달.' 이 얼마나 아름답게 축소된 표현인가. 물론 모든 나무와 풀이 다양한 채도로 푸르게 돋는다. 하지만 더 있다. 총천연색 꽃이 오감을 사로잡고, 딱새와 개똥지빠귀가 색깔에 노래를 얹는다. 저녁마다 올빼미 두 마리가 서로 화답하기 시작했고, 우리 집 테라스 밑에 둥지를 튼 다홍빛 목덜미의 벌새도 잊을 수 없다. 이렇듯 라코타족 달력은 지금이 '푸른 잎이 돋는 달'임을 우리에게 생생히 일깨워 준다.

겸손의 덕목은 이토록 다채로운 아름다움을 마음껏 즐길 줄 아는 이들 사이에서 자라나지 않을까! 잘 모르지만 그런 의문이 든다.

겸손으로 허리를 동이라

오늘 아침에는 우리 친구 베드로의 조언에 마음이 끌린다(벧전 5:1-5).

어느덧 나이도 들고 더 지혜로워진 그는 첫 편지에서 "장로들"에게 "하나님의 양 무리를 치"는 바른 자세에 대해 조언한다. 리더의 중책을 맡은 사람일수록 온유해야 한다는 가르침이 특히 마음에 와닿는다. "맡은 자들에게 주장하는 자세를 하지 말고 양 무리의 본이 되라." 이어 젊은 자들에게는 "장로들에게 순종"할 것을 권면한다. 끝으로 그가 "장로들"과 "젊은 자들" 양쪽 모두에게 주는 지혜로운 가르침이 있다. "다 서로 겸손으로 허리를 동이라. 하나님은 교만한 자를 대적하시되 겸손한 자들에게는 은혜를 주시느니라."

나는 유진 피터슨Eugene Peterson이 이 본문을 풀어 쓴 『메시지』The Message의 표현이 참 좋다.

> 그러나 지도자와 따르는 사람 모두가 서로에게 겸손해야 down to earth 합니다.
> 하나님께서 교만한 사람은 물리치시지만
> 겸손한 사람은 기뻐하십니다.

서로에게 "down to earth"해야 한다는 유진의 의역은 겸손의 의미를 풀어내는 데 도움이 된다('땅으로 내려가다'로 직역되는 이 숙어는 '실제적이다, 꾸밈이 없다, 겸손하다'라는 의미로 쓰인다-옮긴이). 겸손의 가장 기본적인 개념이 흙과 연계되어 있음을 다시금 일깨워 주기 때문이다. 물론 "겸손으로 옷을 입으라"라는 NRSV의 은유도 시사하는 바가 있다(이 책 전체에서 저자는 따로 밝히지 않는 한 그 역본을 사용한다-옮긴이). 얼굴만 내놓고 온몸에 겸손의 옷을 두른다고 생각하면 될 것이다. 물론

6. 푸른 잎이 돋는 달 – 사랑　　99

핵심은 실천이다. 가정과 일터에서 실천하고 생각 속에서도 실천하는 것이다. 흠! 한동안 그렇게 노력하면서 무엇을 배울 수 있을지 보고 싶다.

둘째 주

성공을 이루고도 겸손을 잃지 않은 사람

겸손이 돋보이는 유명인사들을 떠올려 보려고 요즘 기억을 더듬는 중인데, 마침 오늘 생각에 잠겨 있다가 필립 얀시Philip Yancey의 신간을 받았다. 오래전에 폴 브랜드Paul Brand 박사와 공저한 책 두 권을 합본한 개정판으로, 제목은 『몸이라는 선물』Fearfully and Wonderfully 두란노이다. 새로 쓴 서문에서 필립은 브랜드 박사의 생애와 의사로서의 이력을 따뜻하게 되짚는다.

서문을 읽다가 두 대목에서 가슴이 뭉클해졌다. 우선 필립은 브랜드 박사가 평생의 남다른 봉사로 인해 받은 많은 상을 열거한 뒤 이렇게 덧붙인다. "그러나 내게 가장 두드러져 보인 것은 이 같은 국제적인 업적이 아니라 바로 그의 겸손한 성품이었다."[3] 그의 겸손한 성품이 가장 두드러졌다는 말에 나도 깊이 공감한다! 삶의 이런 특성이 지구상에 점점 더 많아졌으면 좋겠다.

필립은 작가 초년 시절에 자신이 신앙 문제로 고민했던 일을 감동적으로 털어놓는다. 그의 책 『하나님, 당신께 실망했습니다』Disappointment with God, IVP와 『내가 고통당할 때 하나님은 어디 계십니까』Where

Is God When It Hurts?, 생명의말씀사를 생각해 보라. 초기의 이런 고민은 다분히 그가 말한 "해로운 교회"를 접한 데서 비롯했다. 그런데 이어서 그가 우리에게 대조적인 경험을 들려준다. 10년 넘게 폴 브랜드와 협력한 결과로 자신이 변화된 경험인데, 그는 이렇게 썼다. "생각해 보면 하나님이 내 신앙 여정의 결정적 고비에 나를 슬쩍 브랜드 박사 쪽으로 떠미신 것 같다.…알았다, 필립아. 지금까지 너는 최악의 교회들을 여럿 보았으니 이제 내가 최선의 모습을 하나 보여 주마."[4]

폴 브랜드와의 오랜 관계를 통해 필립의 신앙 속에 새로운 확신이 스며들었다. "이론으로만 듣던 그리스도인의 삶이 실제로 가능하다는 확신"이었다.[5] "현대 사회에서 성공을 이루고도 겸손을 잃지 않고, 남을 희생적으로 섬기면서도 기쁨과 자족을 누리는 삶이 실제로 가능하다."

"성공을 이루고도 겸손을 잃지 않고"라는 문구에서 내 생각이 완전히 멎으면서 입이 떡 벌어졌다. 정확히 내가 찾던 조합이었다. 이 얼마나 생생한 사례인가.

내가 아는 어떤 사람들은 겸손한데 딱히 성공하지 않았거나 성공했는데 별로 겸손하지 않다. 하지만 "성공을 이루고도 겸손을 잃지 않는" 이 조합은 정말 진귀하다.

보다시피 필립이 이 통찰을 얻은 것은 책을 읽어서가 아니라 삶을 관찰해서였다. 필립에게나 폴 브랜드에게나 다 잘된 일이다.

내게 보낸 편지에 필립은 "당신도 그를 알고 지낼 수 있었다면 좋았을 텐데요!"라고 썼다. 내 생각도 그렇다. 그토록 출중하게 빚어진 성품은 우리 시대에 여간해서 보기 힘들다.

우리의 도덕적 풍경

"성공을 이루고도 겸손을 잃지 않는" 이 조합의 특성을 더 생각하다 보니 로자 파크스(Rosa Parks, 미국의 민권운동가), 다그 함마르셸드(Dag Hammarskjöld, 사후에 노벨 평화상을 수상한 스웨덴의 외교관), 존 글렌(John Glenn, 미국의 우주비행사) 등 몇 사람이 더 떠올랐다. 확신컨대 훌륭한 사례가 더 많이 있을 것이다. 그래도 이 조합의 희귀성이 내게 강하게 다가온다. 이 방면에서 우리의 도덕적 풍경이 왜 이렇게 황량해 보일까 하는 의문이 든다. 생각해 봐야겠다.

그분의 가벼운 멍에를 가장 잘 메는 이들

요즘 존 밀턴John Milton의 유명한 소네트 "내 소진한 시력을 생각하며"를 묵상하는 중이다. 제목이 "그의 실명失明에 부쳐"로 되어 있는 경우도 있다. 밀턴은 비참하게 시력을 잃어 가면서 절절히 고뇌한다. 자신의 실명만 아니라 인간의 온갖 비극을 인한 고뇌다. 이런 결손과 씨름하면서 그는 어떻게 우리가 심히 제한된 능력으로 하나님을 섬길 수 있을지 묻는다. 그가 배운 답처럼 "하나님께는 인간의 노력이나 재능이 필요하지 않다." 오히려 "그분의 가벼운 멍에를 가장 잘 메는 이들이 그분을 가장 잘 섬긴다."[6]

물론 "그분이 명하시면 수천의 무리가 쉼 없이 질주하여 육지와 바다를 넘는다." 그러나 밀턴과 우리에게 가장 중요한 실재는 이것이다. "서서 기다리기만 하는 이들도 그분을 섬기는 것이다."

이 시에서 밀턴은 겸손한 자세의 가장 기본적인 형태를 제시한다. 실명을 앞둔 그는 자신에게 허락된 섬김의 행위가 더도 말고 덜도 말고 "서서 기다리는" 것임을 '본다.' 그리스도의 "가벼운 멍에"를 그는 그렇게 메야 했다. 아, 이 완전한 시력이 내게도 똑같이 있었으면 좋겠다.

영혼에 가장 해로운 추락

아울스 네스트라는 근처 커피숍에서 아메리카노 커피를 마시고 있다(사실은 13킬로미터 거리다. 우리집 '근처'에는 아무것도 없다). 배경 음악이 없이 조용해서 책을 읽기에 좋은 곳이다. 오늘은 에바그리우스의 이 말을 만난다. "교만은 영혼에 가장 해로운 추락의 원인이다."7 전에도 읽었던 문장인데 오늘은 이 개념이 더욱 묵직하게 다가온다.

물론 역사의 한 페이지를 장식하는 잔인한 폭군과 지독한 독재자에게서는 "영혼의 추락"이 금방 눈에 띈다. 그러나 내 삶도 살펴서 어디서든 "영혼에 해로운 추락"이 감지되는지 잘 보아야 한다.

겸손이 교만을 이긴다는 에바그리우스의 가르침을 기억한다. 그것이 "영혼에 해로운 추락"의 치료제다. 나를 비롯하여 교만의 참화를 겪는 모든 사람이 겸손으로 교만을 이겼으면 좋겠다.

셋째 주

"나의 생명이 그분 안에 감추어져 있으니 그분은 곧 나의 보배시라"

오늘은 조지 허버트George Herbert의 시 "골로새서 3:3"을 묵상하고 있다. 허버트는 "너희 생명이 그리스도와 함께 하나님 안에 감추어졌음이라"라는 골로새서 문구를 변주하여, 한 행에 한 단어씩을 시 전체에 대각선 형태로 삽입한다. 이때 흥미롭게도 "너희 생명"을 "나의 생명"으로 바꾸어 자신에게 적용한다. 대각선 형태로 삽입되는 문장은 "나의 생명이 그분 안에 감추어져 있으니 그분은 곧 나의 보배시라"이다.

오늘 나를 사로잡는 것은 그가 쓴 "이중 운행"이라는 표현이다.

> **나의** 말과 생각을 통해 공히 표현되는 이 개념은
> 바로 **생명이** 태양처럼 이중 운행을 한다는 것이다.[8]

"이중 운행"이라는 말은 우리 모두의 삶이 수평적 차원과 수직적 차원 둘 다에서 이루어진다는 뜻이다. 빨래하기, 고객 상담, 컴퓨터로 하는 일 등 우리가 겉으로 수행하는 일상사는 수평 운행에 해당한다. 그런데 속으로 더 깊이 들어가면 우리 생명이 그리스도와 함께 하나님 안에 감추어져 있다. 영성 형성의 진정한 실질적 작업은 영혼의 지성소인 바로 거기서 진행되며, 이것이 수직 운행이다.

이 내면의 실재는 영적으로 가장 민감한 이들에게만 보인다. 외면은 늘 시끄럽고 이것저것 요구가 많지만, 내면은 고요하며 결코 자신에게 주목을 끌지 않는다. 외면을 채우면 박수를 받지만 내면을 채우면 아무것도 받는 게 없다. 겉으로는 없다. 그러나 속으로는 성령 안에서 의와 평강과 기쁨의 삶을 누린다.

그렇다고 이 운행이 "이중"임을 잊어서는 안 된다. 외면은 나쁘고 내면은 좋은 게 아니다. 천만의 말이다! 내면이 핵심이고 외면은 거

기서 흘러나올 뿐이다. 핵심에 집중하면 외적인 인생사는 이미 발동된 마음에서 나오는 반사 작용에 가까워진다. 그래서 이중 운행인 것이다.

내가 보기에 겸손은 마음의 가장 고요하고 다소곳한 내적 작업에 속한다. 가장 중요한 작업에 들기도 한다.

자연의 연화 작용

창조 세계를 돌보려는 라코타족의 관심이 유익하게 느껴지는 밤이다. 추장 루서 스탠딩 베어(서 있는 곰)의 말이 내게 교훈을 준다. "라코타족에게 황무지란 없었다. 자연을 위험하고 험악한 곳이 아니라 쾌적하고 우호적인 곳으로 보았기 때문이다. 옛 라코타족은 지혜로웠다. 그들은 인간의 마음이 자연을 떠나서는 완고해진다는 것을 알았고, 성장하는 생명체를 존중하지 않으면 머잖아 인간마저 존중하지 않게 된다는 것을 알았다. 그래서 늘 자손을 '자연의 연화^{軟化} 작용에 가까이' 두었다."[9]

이 말이 특히 교훈적인 이유는 성품을 기르는 것과 땅을 가까이 하는 것을 그가 하나로 묶기 때문이다. 오늘날 사람들은 기후 변화의 원인과 지구를 관리할 방도를 놓고 갑론을박을 벌인다. 그러나 이 모든 논의에서 주관자는 여전히 우리다. 우리 쪽에서 이것을 행하고 저것을 삼가야 한다는 식이다. 보다시피 늘 우리가 주관한다.

하지만 추장 스탠딩 베어는 우리에게 땅에 바짝 몸을 굽혀 땅에게 배우라고 일깨워 준다. 이것은 겸손의 행위다. 바로 거기서 우리는 그가 말한 "자연의 연화 작용"을 경험한다.

6. 푸른 잎이 돋는 달 — 사랑

넷째 주

나만의 단절된 공간

오늘은 많은 까다로운 이메일에 답하느라 아침부터 컴퓨터에 매여 있다. 오후 2시가 다 되도록 매달리다 보니 머리에 쥐가 날 것 같아 커뮤니티 센터에 가서 운동을 조금 하기로 한다. 운동하는 동안에도 생각은 줄곧 귀찮은 이메일 속에 파묻혀 있다. '무엇이 필요한지를 내가 말했던가? 아직 답하지 않은 메일에는 어떻게 대응하지?' 시종 주변 사람들을 완전히 외면한 채 나만의 단절된 공간에 갇혀 있다. 마무리로 역기를 들고 나서 라커룸에 돌아가서도 여전히 주변 사람이 하나도 눈에 들어오지 않는다. 샤워하고 옷을 입고 이제 밖으로 나가기 시작한다.

접수대를 향해 나선형 계단을 올라가는데 오후의 햇살이 커다란 전망창으로 환히 비쳐 들어 마지막 네다섯 칸에서는 눈앞이 하얘진다. 다 올라가서 다시 시야가 확보된 순간 같은 계단을 내려가려는 거구의 남자와 부딪칠 뻔했다. 그와 나 사이의 간격은 60센티미터에 불과하다. 그가 만면에 따뜻한 미소를 띠고 더듬거리며 인사를 건넨다. 오른손에 지팡이를 짚은 그는 확연히 좌반신의 거동이 불편하다. 아마도 뇌졸중을 일으킨 뒤로 재활 운동을 하는 중인가 보다. 나도 얼른 인사하고 옆으로 비켜선다. 쳐다보지 않으려고 조심하면서 눈꼬리로 보니 그는 승강기를 타지 않고 천천히 한 칸씩 계단을 내려간다.

이 짧은 조우가 얼마나 큰 변화를 낳았는지 모른다. 자신도 모르게 그가 나만의 단절된 공간에 균열을 내 준 덕분에 나는 타인의 존재에 다시 눈떴다. 아울러 그의 용감한 의지가 나를 겸손하게 한다. 요즘 들어 약간 느려지긴 했어도 내게는 계단을 오르내리는 게 쉬운 일이다. 그러나 그는 체육관 층까지 내려가는 데만도 큰 수고가 따를 수밖에 없다. 아마 체육관에서 기다리고 있을 트레이너가 그에게 일련의 고통스러운 운동을 신중히 지도해 줄 것이다. 시간이 지나면 호전될 수도 있지만 그렇지 않을 수도 있다. 그럼에도 그는 결연히 앞으로 나아간다. 이름 모를 친구가 내게 겸손을 가르친다.

으뜸이자 가장 본질적인 요소

오늘 새벽에는 겸손이 "제자도의 으뜸이자 가장 본질적인 요소"라는 앤드루 머리의 강경한 발언을 곱씹는다.[10] 와! 앤드루의 이 말을 읽으면 직관적으로 '물론 지당한 말이야'라는 생각이 든다. 그런데 얼마나 오랜 세월 나는 다른 것들을 "으뜸이자 가장 본질적인" 요소로 보았던가. 분명히 으뜸이자 가장 본질적인 요소는 전도하는 실력을 쌓아 하나님과 멀어진 이들을 '중심되신 하나님' 안으로 이끄는 것이다. 성경 암송이 으뜸이자 가장 본질적인 요소일지도 모른다. 기도의 초자연적 능력을 기르는 것이 으뜸이자 가장 본질적인 요소일 수도 있다. 그밖에도 많이 있다.

나라면 제자도를 생각할 때 겸손을 "으뜸이자 가장 본질적인" 요소로 꼽을 생각조차 하지 못했을 것이다. 그것은 현대의 감성과 심지어 종교적 감정에도 심히 어긋나 보인다. 내가 미처 몰랐던 것은 우리의 심령을 좀먹는 교만의 위력이다. 교만은 마음을 썩을 대로 썩게 하고, 그리스도와 그분의 나라를 위한 우리의 수고를 아주 교묘하고도 완벽하게 무너뜨린다. 교만을 무너뜨려 결국 우리를 거기서 해방시켜 줄 겸손의 더 큰 위력이 우리에게 절실히 필요하다.

이제 나도 안다. 그리스도의 제자다워지려면 마귀와 싸우는 훈련이 필요하다. 현대 문화를 병들게 하는 교만한 자만심과 지독한 자아도취를 물리쳐야 한다. 마음의 골방에 침투하여 자아에 헛바람을 불어넣는 교만의 간교한 성질에 눈떠야 한다.

이것은 예수님의 길을 따르는 우리의 훈련에서 소극적 측면에 해당한다. 더 필요한 게 훨씬 많이 있다. 겸손이라는 적극적 측면도 경험해야 한다. 겸손은 때 묻지 않은 순수한 덕이다. 첫째로 겸손이 무엇인지 알아야 하고, 둘째로 겸손을 소중히 여겨야 하고, 셋째로 겸손을 충실히 본받아야 하고, 넷째로 우리의 성품 속에서 겸손을 끊임없이 경험해야 한다.

이렇게 훈련하려면 사랑의 공동체가 필요하다. 영성 지도자, 신앙 친구, 지혜로운 선배 등 다른 사람들이 우리에게 올바른 시각과 분별력을 길러 주어야 한다. 겸손이 무르익으려면 다른 영혼을 사랑으로 지도할 줄 아는 사람들의 공동체가 필요하다. 내게 가장 필요한 것도 그것이다.

아름다운 겸손

이번 달 일기를 마치면서, 줄리안의 말로 결론을 맺으면 좋겠다는 생각이 든다.

예수님은 말씀하신다. "너무 자책하지 말라. 네 고난과 고통이 다 네 탓이라고 생각하지 말라. 네가 과도히 슬퍼하고 낙담하는 것은 내 뜻이 아니니라."

원수는 까닭 없는 두려움을 조장하여 우리를 우울에 빠뜨리려 한다. 그의 목적은 우리를 아주 지치고 낙심하게 해서 우리의 영원한 친구이신 그분의 복된 모습을 잊어버리게 하는 것이다.

우리 주께서 친히 베푸시는 징벌을 죄인의 영혼이 기꺼이 달게 받는 것은 아름다운 겸손이며, 성령의 은혜와 자비로만 가능하다. 그분이 우리에게 지라고 명하시는 짐을 즐거이 받아들이기만 한다면, 짐이 가볍고 쉬워 보일 것이다.[11]

여기서 핵심 문구는 "아름다운 겸손"이다. 이 멋진 문구를 "우리 주께서 친히 베푸시는 징벌을…기꺼이 달게 받는 것"과 결합해 놓은 줄리안의 말이 당황스럽게 느껴질 수 있다. 그러나 이는 주님이 그토록 사랑과 은혜가 풍성하신 분이니, 그분의 징계를 받아들이면 낙심보다는 더 격려가 된다는 의미일 것이다.

줄리안의 말 속에 자비가 담겨 있어서 좋다. 그녀는 예수께서 우리의 자학을 우려하신다고 말한다. "너무 자책하지 말라." 그녀는 우리에게 "과도히 슬퍼하고 낙담하"지 말 것을 당부하고, 사탄이 "까닭 없는 두려움"을 이용해 우리를 우울 속으로 끌어들이려 함을 일깨우며, "우리의 영원한 친구이신 그분의 복된 모습을 잊어버"려서는 안 된다고 역설한다. 은둔 수도자 줄리안이 우리에게 베푸는 격려가 크다.

3부

따뜻한 석 달

여름 —— 블로케두

7. 열매가 익는 달

○ 6월 18일-7월 15일

희생

> 내 이름으로 일컫는 내 백성이
> 그들의 악한 길에서 떠나 스스로 낮추고 기도하여
> 내 얼굴을 찾으면 내가 하늘에서 듣고
> 그들의 죄를 사하고 그들의 땅을 고칠지라.
>
> **여호와(역대하 7:14)**

> 하나님이 선물을 주시거든 그 선물 덕분에
> 더 겸손해질 수 있는 길을 가르쳐 달라고 기도하든지…
> 아니면 그 선물 때문에 당신이 망하지 않도록
> 아예 그것을 가져가시기를 구하라.
>
> **니느웨의 이삭**

첫째 주

사랑의 열매

라코타족의 여섯째 덕목은 '이치추피'*Icicupi*, 즉 '희생'이다. 이 덕목은 이렇게 설명된다.

> 희생이란 자신을 내주는 것이다. 사랑의 열매가 곧 희생이다. 태초에 조물주는 자신을 희생하여 만물을 지으셨으며, 이 겸손의 행위를 통해 우리는 자신을 내주는 게 얼마나 중요한지를 알 수 있다. 무엇이든 이루려면 희생할 줄 알아야 한다. 일상생활의 작은 희생이든 평생의 큰 희생이든 우리 모두는 이 근본적 행위로 자신이 심은 만큼 그대로 거둔다. 날마다 우리는 그저 일 처리를 위해서라도 시간과 수고를 희생하지만, 더 높은 영적 차원에서도 자신을 내주고 조물주께 돌려드릴 수 있다.[1]

"사랑의 열매가 곧 희생이다." 사랑과 희생이 하나로 묶여 있어서 참 좋다. 그렇게 보아야 희생이 해로운 형태로 변질되지 않는다. 사랑은 충분히 이성에 기초하여 모든 사람을 잘되게 하려는 마음이다. 그래서 사랑에서 흘러나오는 희생은 모두의 생명을 살린다.

세 가지 다른 경험, 세 가지 단순한 교훈

오늘은 한낮의 더위를 피해 동트기 전에 나가서 계곡을 걷는다. 가는 길에 새끼 다섯을 거느린 야생 칠면조 어미를 우연히 만난다. 와, 다섯이라니! 처음 보는 광경이다.

계곡에 도착해 보니 초여름 들꽃이 거의 다 사라졌다. 여름의 더위에 진 것이다. 그런데 두 가지 예외가 눈에 띈다. 계곡의 가장자리를 쭉 따라서 해바라기의 노란 꽃잎이 벌어지는 중이다. 늘 해를 향해 발돋움하는 꽃이다.

계곡 아래로 내려가니 멋지게 흐드러진 달개비꽃이 반겨 준다. 너비가 2-3센티미터쯤 되는 이 꽃은 굉장히 특이하다. 꽃마다 어김없이 진자주색 꽃잎이 세 개고, 가운데서 자주색 수술이 샛노란 꽃밥을 떠받치고 있다. 더운 날이면 달개비꽃은 아침에 벌어졌다가 오후에 더워지면 오므라든다. 그래서 내가 지나가는 시간에는 모두 한껏 기지개를 펴며 자주색 위용으로 풍경을 뒤덮는다.

세 가지 다른 경험 속에 영적 삶의 세 가지 단순한 교훈이 들어 있다. 새끼를 지키는 어미 칠면조는 희생의 교훈을 준다. 늘 빛을 따라 도는 해바라기는 우리도 참 빛이신 그리스도를 따라 늘 돌고 돌아야 한다는 교훈을 준다. 달개비꽃의 자주색은 왕의 위엄을 상징하므로 우리에게 자기 백성을 다스리시는 그리스도의 왕권을 일깨워서 교훈을 준다.

겸손의 본을 보인 바울

오늘은 선교 여행 중에 본을 보인 바울의 겸손을 공부한다. 그가 에베소 장로들에게 한 말이 특히 마음에 와닿는다. 그는 예루살렘으로 가는 길에 그들을 불러 해변에서 만났다. 다시 보지 못할 줄을 알았기에 그렇게 전했고, 모인 자리에서 이렇게 말했다. "아시아에 들어

온 첫날부터 지금까지 내가 항상 여러분 가운데서 어떻게 행하였는지를 여러분도 아는 바니 곧 **모든 겸손**과 눈물이며…당한 시험을 참고 주를 섬긴 것과"(행 20:18-19).

바울이 여기에 쓴 단어 '타페이노프로쉬네'*tapeinophrosynē*는 '낮은 마음'으로 직역된다. 이 단어가 어떻게 다르게 번역되었는지 알고 싶어 내 서재의 여러 역본을 살펴보기로 했다. 위에 인용한 NRSV 외에 내가 찾아본 다른 번역은 이렇다.

- "내게 닥쳐온 유혹 속에서 **마음의 모든 겸손**과 많은 눈물로 주님을 섬기며"(KJV).
- "슬픔과 시련을 만난 중에도 **모든 겸손 가운데** 주님을 섬겼습니다"(NEB).
- "닥쳐온 시련 앞에 눈물을 흘리면서도 **최대한 겸손하게** 주님을 섬겼습니다"(Phillips).
- "혹독한 시험을 당하면서도 **큰 겸손**과 눈물로 주님을 섬겼습니다"(NIV).
- "시종 여러분과 함께 있으면서 **모든 겸손**과 눈물과 시련으로 주님을 섬겼습니다"(NASB).
- "내게 닥쳐온 시련 속에서 **큰 겸손**과 눈물로 주님을 섬겼습니다"(CEB).
- "나는 정말 **겸손하게** 눈물 흘리며 주님의 일을 했고 큰 위험에 부딪혔습니다"(TLB).
- "눈물의 길을 걸으면서 조물주께서 내게 명하신 모든 일을 **겸손한**

마음으로 했습니다"(FNV).

- "여러분도 알다시피 나는 아시아에 도착한 첫날부터 전적으로 여러분과 함께 지냈습니다. 어떤 상황에서도 **목숨을 걸고** 주님을 섬겼고…끝없는 계략을 참아 냈습니다"(Message).

"목숨을 걸고"라는 『메시지』의 의역은 '타페이노프로쉬네'에 흥미로운 깊이를 더해 준다. 어쨌든 우리 시대에도 이런 '낮은 마음'을 더 많이 볼 수 있었으면 좋겠다.

바울이 에베소 장로들에게 말하기를 마친 후에 "무릎을 꿇고 그 모든 사람들과 함께 기도하니 다 크게 울며 바울의 목을 안고 입을 맞추고 다시 그 얼굴을 보지 못하리라 한 말로 말미암아 더욱 근심"했다(행 20:36-38). 그들이 서로 나눈 사랑과 관심은 이처럼 주체할 수 없을 정도였다. 오늘 우리의 교회들에서도 이런 사랑과 관심을 볼 수 있기를 기도한다.

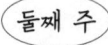

둘째 주

성령께서 치시는 삼중의 인

이블린 언더힐Evelyn Underhill은 하나님이 영혼을 "아주 깊숙이" 만지시면 우리 삶에서 평안과 온유와 힘이 흘러나온다고 했는데, 오늘 밤에는 그녀가 논한 이 세 가지 남다른 특징에 마음이 끌린다.[2]

저서 『영성 생활』The Spiritual Life, 누멘에서 그녀는 자신이 이 통찰을 십자가의 성 요한에게 빚졌다고 말하면서도, 이블린 언더힐 특유의 방식대로 이렇게 풀어낸다. "평안과 온유와 힘 덕분에 우리는 계절의 변화, 오르막길과 내리막길, 다양한 노면, 불공평한 가정생활, 실망감, 직업상의 낭패, 돌발적인 불운이나 질병, 뜨거웠다 식었다 하는 신앙심 등을 헤쳐 나갈 수 있다. 이것은 성령의 크신 역사에 순복하는 영혼 위에 성령께서 치시는 삼중의 인이다."

이 글을 쓴 언더힐은 수도원에 둘러싸여 보호받은 사람이 아니라 20세기 초의 밀치락달치락하는 런던 생활 한복판에서 부대끼던 여성이다.

이어 그녀는 "성령께서 치시는 삼중의 인"을 이렇게 더 자세히 설명한다. "그래서 다른 사람의 일을 빼앗거나 자신의 따분한 일을 피하려는 성향이 없어진다. 격을 떨어뜨리는 서두름도 없고 성공하려는 조조한 불안도 없다. 성령께 삶이 드려진 이들의 행동에는 영원한 여유 같은 것이 있다. 덕분에 그들은 늘 세상의 초침 소리에 얽매여 서두르고 허둥대는 사람들보다 훨씬 많은 일을 이루어 낸다."

"영원한 여유." 이 신성한 여유를 나는 너무도 모른다. 주님, 제게 그런 삶을 보여 주시고, 가르쳐 주시고, 그 속으로 인도하여 주소서.

"안식하라, 내 자녀여, 안식하라. 너는 안식하기만 하면 된다. 어떻게 안식하면서 일할 수 있는지를 때가 되면 내가 보여 주리라."

위와 밖으로 인도하는 좁은 길

다음으로 언더힐은 우리에게 동전의 이면을 보여 준다. 평안과 온유와 힘이 겉으로 흘러나올 정도가 되려면 동시에 "내면생활의 수고와 씨름"이 병행되어야 한다는 것이다. 우리 내면에 느껴지는 "고통과 긴장은 불완전한 피조물이 아름다움과 온전함을 관상하면서 그 도달 못할 경지를 향해 발돋움할 때 당연히 느낄 수밖에 없는 것이다."³

언더힐은 이 "아름다움과 온전함"이 우리를 끌어들이는 자석과 같다고 설명한다. 이 내면의 여정에는 "수고와 성실과 용기가 수반되며, 그 인력引力에 응하여 그쪽으로 나아가려면 때로 자신을 냉정하게 직시해야 한다. 이 길은 우리를 생각의 음침한 골짜기로부터 위와 밖으로 인도하는 좁은 길이다."⁴

모순되어 보이는 외적 평온과 내적 씨름이 서로 맞닿아 있다니 흥미롭다. 이 여름철에 나도 두 가지를 함께 추구해야 하지 않을까? 첫째로, 내게서 실제로 평안과 온유와 힘이 얼마나 흘러나오는지 지켜보는 것이다. 동시에, 우리를 "어두운 데서 불러내어 그의 기이한 빛에 들어가게" 하는 내면의 씨름을 내가 얼마나 지각하는지 관찰하는 것이다.

한 가지 의문이 있다. 내가 배우는 내용을 전부 기록해야 할까, 아니면 사적인 성찰의 내용은 밝히지 않는 게 더 좋을까? 내 마음은 펜을 거두는 쪽으로 기운다. 어떤 경험은 하나님과 영혼 그 둘만의 비밀로 남겨 두는 게 최선이다.

겸손과 거룩함은 쌍둥이다

오늘 아침 앤드루 머리의 책 『죽을 만큼 겸손하라』Humility: The Beauty of Holiness, 브니엘를 구하기로 한다. 지난 세월 그의 책을 꽤 많이 읽었고 그중 적어도 한 권은 주제가 겸손이었지만, 이렇게 겸손과 거룩함을 직결시킨 점이 유익한 사고 흐름으로 보인다. 그래서 내친 김에 거금 7달러 99센트를 들여 구입했다.

나는 아마존 프라임(익일 무료 배송을 포함한 유료 서비스-옮긴이) 회원이 아니라서 일반 우편으로 주문하면 배송에 일주일쯤 걸린다. 차라리 더딘 쪽이 낫다. 겸손에 대한 자료를 '속달'로 받는다는 것도 좀 이상해 보인다. 책은 아직 오지 않았지만, 이미 책의 부제가 겸손과 거룩함의 관계에 대한 내 생각을 자극한다.

머리의 책을 기다리는 동안 토머스 켈리의 『거룩한 순종』*A Testament of Devotion*, 생명의말씀사부터 읽는다. 이전에 여러 번 읽었는데도 이 얇은 책에서 나는 매번 어김없이 생명을 살리는 통찰을 얻는다. 무심코 책장을 넘기다가 "거룩한 순종"을 논하는 대목에서 이 말을 만난다. "거룩한 순종은 열매가 많지만 그중 둘은 아주 밀접하게 얽혀 있어 따로 논하기가 거의 어렵다. 바로 거룩해지려는 열정과 지극히 겸손한 마음이다."[5]

이어 켈리는 여러 페이지에 걸쳐 그 둘의 공생 관계를 풀어낸다. 그러다 이 놀라운 주장으로 나를 그 자리에 얼어붙게 한다. "겸손과 거룩함은 신기하게도 마음의 순종을 낳는 쌍둥이다."[6]

내 마음이 깊이 찔린다. 켈리의 말은 지극히 옳으며, 바로 여기가 내 아킬레스건이다. 오늘 내 마음과 생각과 영혼은 거룩함과는 거리가 멀게 느껴진다. 내 생각은 탕자처럼 하나님을 멀리 떠나 방황한다. 옛 찬송가의 한 소절이 떠오른다. "우리 맘은 연약하여 범죄하기 쉬우니."[7] 그게 바로 내 모습이다. 다행히 켈리는 해법도 정확히 지적한다. "하나님을 지향하는 사고 습관을 익힐수록 겸손도 그만큼 깊어진다."[8]

허영과 오만도 늘 인간의 마음속에 파고들 틈새를 노린다. 그래서 켈리는 "교만은 얼마나 교활하고 간사한가!"라고 탄식한다.[9] 영혼을 갉아먹는 자만심과 이기심을 어떻게 이길 수 있을까? 다시 켈리의 말이다. "지극히 겸손한 이들만이 권력에 미쳐 날뛰는 세상의 교만을 꺾어 물리칠 수 있다."[10]

그래서 오늘 나는 "오 주님, 제 마음을 정결하게 해주소서"라고 기도한다.[11] 성경에 보면 "마음이 청결한 자"는 "하나님을 볼 것"이라고 했다(마 5:8). 거기에 켈리는 이렇게 덧붙인다. "나아가 하나님을 보는 이들은 자신의 마음도 그분처럼 정결해지고자 영혼의 온 힘을 다하여 부르짖는다."

나도 하나님을 보고 싶다! 내 마음이 정결해져서 하나님을 보고도 무사했으면 좋겠다. 오늘과 내일은 물론이고 앞으로 다가올 모든 날에 그랬으면 좋겠다.

고지

제프리 오슬러의 『라코타족과 블랙 힐스』 The Lakotas and the Black Hills를 계속 읽고 있다.[12] 블랙 힐스는 대평원의 가장 비범한 풍경 중 하나다. 평원 위에 고도 1,220미터로 융기한 그곳은 바다 같은 풀밭에 섬처럼 떠 있는 길이 193킬로미터, 너비 80킬로미터 규모의 숲이다. 물론 지금은 그 지역이 마운트 러시모어의 거대한 화강암 조각 때문에 알려져 있지만, 커시드럴 스파이어스 the Cathedral Spires와 블랙 엘크 피크 등 다른 고지도 많이 있다. 약간 북서쪽에는 데블스 타워로 개명된 블랙 힐스의 용암 기둥도 있는데, 라코타족은 이를 '곰의 집'이라는 뜻의

'마도 디필라'^{Mato Tipila}라 부른다. 이 라코타족 지명의 배후에 흥미로운 일화가 있으나 지금은 블랙 힐스의 고지에 계속 초점을 맞추려 한다.

이런 고지가 라코타족에게 지극히 중요한 이유는 젊은 남녀의 비전 퀘스트 장소로서 신성한 의미를 지니기 때문이다. 내가 알기로 라코타족의 비전 퀘스트에는 세 가지 핵심 요소가 수반된다.

고독. 모든 사회적 교류, 문화적 역할, 일상, 습관, 타인의 기대로부터 벗어난다는 의미다. 성인식 대상자는 부모, 교사, 동료 집단, 각종 SNS 등 인간의 모든 권위에게 작별을 고하고 '위대한 정령'의 지도에 힘써 주의를 기울인다.

자연. 가능한 한 장소는 광야다. 그래야 대상자가 대지 자체와의 긴밀한 관계로 돌아가는 데 집중할 수 있다. 도로, 주택 등 인간이 만든 세계 일체를 물리적으로 떠나야 한다. 더 오래된 자연계로 들어갈 수 있는 '고지'가 그래서 중요하다. 그간 잊혔던 감각과 위축된 지각 방식을 거기서 대지가 깨워 줄 수 있다.

금식. 금식이란 비전 퀘스트의 주인공이 고도의 영적 활동에 임하고자 통상적 식생활을 끊는 것이다. 초월적 존재인 '위대한 정령', 즉 라코타어로 '와칸 당카'를 만나기 위한 마음의 준비다.

비전 퀘스트의 취지는 삶의 방향과 재능과 목적과 비전을 발견하는 데 있다. 스패로 하트(참새 수사슴, 그는 유명한 비전 퀘스트 전도사이자 작가다―옮긴이)는 이렇게 썼다. "비전 퀘스트를 통해 우리는 통상적 삶의 규율과 역할과 일상에서 벗어나 단순하고도 심오한 방식으로 자신의 나침반을 재설정하고, 평생 길잡이 역할을 해줄 핵심 진리와 헌신을 새롭게 다진다."[13]

비전 퀘스트에 대한 라코타족의 가르침을 경청하고 배우는 것도 우리로서는 겸손의 행위다. 물론 그 가르침에 담겨 있는 범신론적 요소에는 나도 동의하지 않지만, 그래도 정직한 구도자들에게 오셔서 여정의 빛을 밝혀 주시는 그리스도께 길을 열어 드리고 싶다. 그분은 세상 모든 사람에게 비추는 참 빛이시다(요 1:9).

셋째 주

특별한 선물

겸손의 한 특별한 선물에 눈뜨는 중이다. 그것은 바로 더 잘 배우게 된다는 것이다. 이것을 받아들여 큰 자유로 누려야겠다.

새로운 생활 방식의 양면성

G. K. 체스터턴Chesterton이 남긴 좋은 말이 있다. 사실은 기도다.

> 대지와 제단의 하나님이여,
> 우리의 부르짖음을 굽어보고 들으소서.
> 이 땅의 통치자들은 비틀거리고
> 사람들은 방황하다가 죽습니다.
> 황금이 벽처럼 우리를 가두고
> 냉소가 검처럼 갈라놓습니다.
> 주의 우레를 우리에게서 거두지 마시고

7. 열매가 익는 달 – 희생

우리의 교만을 제하여 주소서.[14]

특히 마지막 두 행이 마음에 와닿는다. "주의 우레를 우리에게서 거두지 마시고 우리의 교만을 제하여 주소서." 현대 사회를 병들게 하는 온갖 악에 맞서 계속 용감히 살아가려면 우리에게 우레가 필요하다. 단 그런 삶을 배우되 "우레"에 따라붙기 일쑤인 자만심과 교만은 없어야 한다. 그러니 주님, 제게 이 새로운 생활 방식의 양면성을 가르쳐 주소서. 결코 악에 굴하거나 거만해지지 않게 하소서.

넷째 주

가식이 일절 없는 곳

한낮에 카페에 앉아 있다. 내가 가끔 찾는 곳이다. 집에서 꽤 먼데도 시간을 내서 여기까지 오는 이유는 사람들이 좋아서다. 이곳은 농촌이라서 목축업자나 농부가 대부분이다. 앉아서 고객들을 지켜보는 게 즐겁다. 대체로 청바지나 작업복 차림이며, 땅에 발을 붙이고 열심히 일하는 사람들이다. 그렇다고 지나치게 낭만적으로 미화할 생각은 없다. 그들은 입에서 욕이 술술 나오고, 거의 누구나 그렇듯이 불같이 화를 내거나 속 좁은 모습을 보이기도 한다.

그래도 이곳은 가식이 일절 없어서 좋다. 허세나 으스대는 게 없고 잘 보이거나 과시하려 하지도 않는다. 그들의 생활 방식이 나와는 다른데도 여기 있으면 마음이 편하다. 그들은 나를 있는 그대로 받아

준다. 우리는 날씨와 곡물 가격과 온갖 시시콜콜한 것에 대해 스스럼없이 대화한다. 다른 데서는 여간해서 내가 작가임을 밝히지 않지만 여기서는 그것까지도 가능하다. 그러면 그들은 그냥 고개를 끄덕이며 "좋은 일 하십니다"라고 말한 뒤 금세 본능에 충실한 화제로 넘어간다. 나는 그게 좋다. 이렇게 가식 없는 분위기 속에 앉아 있는 게 즐겁다. 내 영혼이 깨끗해지는 것 같다!

극도의 단순성

오늘은 일찍 일어나, 어둠이 걷히자마자 계곡을 걷기로 한다. 구름이 낮게 걸리고 새벽안개가 내려와 풀밭을 적셔 주는 아름다운 날이다. 걷기에 딱 좋다. 계곡에는 나 혼자뿐이다. 물론 야생 동물만 빼고 말이다. 도중에 들판에서 암컷 야생 칠면조를 만난다. 이 새는 혼자인데, 이는 내 경험상 아주 드문 일이다. 내 눈에 띄는 야생 칠면조는 대개 여남은 마리씩 떼 지어 다닌다.

이 암컷은 그 누구나 무엇에도 상관하지 않는 듯 천천히 땅을 파헤쳐 쪼면서 들판을 지나간다. 극도의 단순성이 풍경을 감싸고 있는 것 같다. 물론 들판의 야생 칠면조에게 '겸손'의 덕을 귀속시킬 마음은 없지만, 이 풍경 속에는 소유나 지위를 거머쥐려는 집착이 전혀 없다. 한동안 지켜보는 사이에 나 자신의 거머쥐려는 집착마저 스르르 녹아내린다.

이래서 나는 여기에 오는 게 좋다. 숲속에 오면 나무와 새 등 이 땅의 모든 피조물이 성부 하나님의 뜻을 행하는 게 느껴진다. 물론 창조 세계도 타락의 영향을 입었지만, 그래도 그 속에서 하나님의 선하심이 일부나마 계속 반사된다. 창조 세계의 선한 면이 나를 기쁘게 한다.

아주 다른 두 권의 책

오늘부터 라코타족의 삶과 역사에 대한 아주 다른 두 권의 책을 읽는다. 더 두꺼운 책(530쪽)인 『라코타족의 아메리카』^{Lakota America}는 옥스퍼드에서 미국사를 가르치는 페카 해멀라이넨^{Pekka Hämäläinen}이 쓴 것이다.[15] 진지한 역사서인 줄은 금방 알겠는데, 핀란드 출신 저자가 왜 자기 문화와는 거리가 한참 먼 라코타족 문화를 주제로 택했는지가 궁금하다. 이 주제를 그가 어떻게 변주할지도 궁금하다.

덜 두꺼운 책(240쪽)인 『바람이 너를 지나가게 하라』^{The Lakota Way, 문학의숲}는 로즈버드 원주민 보호구역에서 태어나 라코타어를 모국어로 쓰는 조셉 마셜 3세^{Joseph M. Marshall III}가 쓴 것이다. 이야기를 풀어내는 뛰어난 표현력으로 보아 나중에 최고 수준의 영어를 통달한 것이 분명하다.[16]

당장 후자의 책에 마음이 끌리지만 양쪽 모두의 관점으로부터 배우고 싶다. 앞으로 몇 달 동안 쭉 읽어 나갈 텐데, 그 과정에서 두 권의 책에 담긴 통찰이 이 일기에도 흘러들기를 바란다.

8. 벼찌가 검어지는 달

○ 7월 16일-8월 12일

진실

그러므로 주 안에서 갇힌 내가 너희를 권하노니
너희가 부르심을 받은 일에 합당하게 행하여
모든 겸손과 온유로 하고 오래 참음으로
사랑 가운데서 서로 용납하고 평안의 매는 줄로
성령이 하나 되게 하신 것을 힘써 지키라.

바울(에베소서 4:1-3)

겸손한 마음은 두 가지 출처에서 싹튼다.
자신의 죄를 충분히 인식하는 것과
우리 주님의 겸손을 관상하는 것이다.

시리아의 이삭

> 첫째 주

자신과 주변 세상에 대해 솔직해지는 것

라코타족의 일곱째 덕목은 '워위차케'^{Wowicake}, 즉 '진실'이다. 이 덕목은 이렇게 설명된다. "진실이란 자신과 주변 세상에 대해 솔직해지는 것이다."¹

이 덕목에 대한 얼마나 놀라운 관점인가. 나에 대해 솔직해지고 내 주변 세상에 대해 솔직해지는 것, 그것이 내게도 필요하다.

장난꾸러기 신령 이크도미

조셉 마셜은 『바람이 너를 지나가게 하라』에 이렇게 썼다. "우리 할아버지가 60대이셨을 때 내가…진실이 무엇인지 일러 달라고 여쭌 적이 있다. 할아버지는 '그 답을 알 만큼 내가 오래 살지 못하였구나. 진실이 없으면 이크도미^{Iktómi}가 지상에서 가장 막강한 존재가 되리라는 것만 알 뿐이다'라고 말씀하셨다."²

라코타족의 전설에서 '이크도미'는 가공의 실재를 약속해 놓고 실제로는 그 반대의 실재를 내놓는 장난꾸러기 신령이다.

마셜은 이렇게 덧붙였다. "우리 라코타족은 이크도미의 노랫소리를 여러 번 들었다. 수없이 많은 백인 이주자가 미주리주와 오리건주를 잇는 오리건 트레일을 따라 라코타족 땅을 통과할 때, 미국 평화위원회는 1851년 포트 래러미 조약 회의에서 우리에게 말하기를 '백인들은 통과만 할 뿐이고 마차 바퀴 너비만큼의 공간만 있으면 됩니다'라고 했다."³

마셜이 곧이어 언급한 1868년의 포트 래러미 조약은 "현재의 사우스다코타주 서쪽 절반 전체를 '해가 뜨고 강물이 흐르고 풀이 자라는 한 언제까지나' 광활한 수족族 보호구역으로 인정했다."[4]

또다시 장난꾸러기 신령 이크도미가 환상을 말해 놓고 진실을 짓밟은 것이다.

가장 기본적인 형태의 겸손

7시 반까지는 계곡 등산로에 도착하고 싶어 아침 6시에 일어난다. 등산로 입구는 이미 꽤 덥다. 오늘은 내가 두 번째로 도착했으므로 처음 온 사람만 빼고는 나 혼자 걷는다. 그는 조깅으로 등산로를 빠르게 주파하는 사람이다. 30분쯤 지나자 내 쪽으로 돌아 나오는 그가 보인다. 옆으로 바짝 비켜서면서 모자를 살짝 들어 그에게 경의를 표한다. 10초가량 그의 체력이 부러워서 나도 저랬으면 싶다가 11초째에 "저 사람은 20대고 나는 70대잖아!"라는 현실에 한 방 얻어맞는다. 겸손하려면 삶의 이치대로 내 분수를 인정해야 하리라. 79세인 나로서는 비록 요즘 속도가 느려지긴 했어도 이런 등산로를 걷고 있다는 사실만으로도 감사하다.

두 주 전 아들 네이트가 왔을 때 함께 걸었던 그 노선을 택한다. 그러려면 계곡 서쪽의 동굴 곁 암벽 기반을 따라 빙 돌아서 올라가야 한다. 이 길을 다시 가 보는 특별한 이유가 있다. 몇 년 전에 공원 관리소 측에서 설치한 통나무 계단 중에서 특정한 나무 하나를 찾을 참이다. 용케 그곳을 찾아낸다.

두 주 전 우리가 절벽 쪽으로 올라가던 중에 이 통나무 측면에 새겨진 'KKK'(백인의 우월성을 내세우는 비밀 폭력 단체-옮긴이)라는 글자가 내 눈에 띄었다. 나는 지팡이로 그것을 가리켜 보이며 이 시대에 백인 우월주의 정서가 확산되는 데 넌더리가 나서 신음을 토했다. 네이트는 손을 뻗어 내 작은 배낭 속의 고리에 매달려 있는 칼을 꺼냈다. 안 쓴 지 10년은 되었을 오래된 칼이라서 아주 무디었다. 그래도 아들은 말없이 칼을 펴서 그 불쾌한 세 글자를 파냈다.

다 파내고 나서 네이트가 한마디 했다. "흑인 부부가 등산하다가 이 숲속에 무엇이, 아니 누가 있나 싶어 정말 겁날 수도 있겠어요." 맞는 말이다! 나는 그 통나무를 보고 불쾌해했을 뿐이지만, 네이트의 시선은 그것이 고통과 두려움을 주고 인간관계를 해칠 수 있다는 데까지 미쳤다.

과연 그렇다. 네이트의 행동은 완전히 즉흥적이었고 다른 사람들을 심기는 조용한 귀감이었다. 이것이야말로 가장 기본적인 형태의 겸손이 아닐까 싶다.

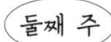

이름이 바뀐 사연

알고 보니 조셉 마셜의 책 『바람이 너를 지나가게 하라』는 놀랍게도 라코타족의 열두 가지 덕목을 중심으로 구성되었고 그중 첫째는 겸손이다. 그 책은 '모카신 없음'의 아름다운 이야기로 시작되는데(모카신은 북미 원주민이 신는 바닥이 평평한 가죽신이다-옮긴이),[5] 용감하고 지혜로운 이 라코타족 여성의 남다른 겸손이 막판에 밝혀진다.

모카신 없음이 살던 1700년 이전은 아직 말이라는 동물이 도입되기 전이었다. 본명이 '불을 옮김'이던 그녀는 평판이 훌륭한 '세 뿔'이라는 젊은 용사의 가슴속에 정말 불을 지폈다. 불을 옮김과 세 뿔은 라코타족의 정식 구애를 거쳐 결혼하여 자손을 낳고 장수했다. 예순일곱 번째 겨울을 맞이했을 즈음 모카신 없음의 "머리칼은 갓 내린 눈처럼 희었고, 얼굴 주름은 평생 걸어온 많은 길을 보여 주는 듯했다."

이제 그녀의 이름이 바뀐 사연을 말할 차례다. 세 뿔은 이 이야기를 평생 비밀로 간직하다가 자신의 죽음이 임박한 일흔 번째 겨울에야 공개했다. 많은 사람이 와서 그에게 경의를 표하고 간 뒤에 그가 남녀 원로들을 자기 집으로 청했다. 모두 모이자 그는 원로들에게 부탁하기를 지금부터 자기가 하려는 이야기를 마을의 모든 모닥불 앞에서 나누어 달라고 했다. 그러고 나서 '불을 옮김'이 '모카신 없음'으로 바뀐 사연을 들려주었다.

젊었을 때 세 뿔은 적의 습격대에게 잡혀 간 두 처녀를 구하러 다섯 용사와 함께 간 적이 있다. 그들은 반 달 동안 날쌔게 습격대를 뒤쫓아 낯선 땅에 이르렀고, 결국 자기 마을에 이제 막 들어서는 습격대를 따라잡았다. 세 뿔과 동지들이 짜낸 기발한 구출 작전은 세 뿔이 체포된 것만 빼고는 대성공을 거두었다. 다섯 용사는 세 뿔이 구출 공격 중에 죽은 줄로 알고 서둘러 북쪽의 자기 마을로 돌아가 불을 옮김에게 남편에 대한 가슴 아픈 소식을 전했다.

불을 옮김은 남편을 인해 몹시 슬퍼하면서도 왠지 남편이 죽었다는 말에 묘하게 의심이 들었다. 그래서 적의 마을 위치를 알아낸 뒤 야밤에 남편 옷을 입고 아무도 몰래 마을을 빠져나가 멀고 위험한 길을 걸어 적진에 당도했다.

한편 적의 부족은 라코타족 여자들을 속수무책 도로 빼앗긴 데 대한 격분과 수모를 세 뿔에게 쏟아부었다. 그는 비참한 노예로 전락하여 낮에는 손과 무릎에 피가 나도록 개처럼 통나무를 끌어야 했고, 밤에는 굵은 두 기둥 사이에서 몸을 쭉 뻗은 채로 손발이 양쪽에 단단히 결박되었다. 세 뿔은 원로들에게 "내 처지가 쇠똥구리만도 못하구나 싶더군요"라고 털어놓았다.

그의 말은 이렇게 이어졌다. "춥고 비가 내리던 어느 밤에 나는 벌거벗은 몸으로 벌벌 떨고 있었습니다. 주위에 아무도 없었고 너무 추웠어요. 개들도 비를 피해 몸을 바짝 웅크렸지요. 아직 젊은 아내를 다시는 볼 수 없다고 생각하니 마음이 슬펐습니다. 어찌나 아내 생각에 골똘했던지 눈앞에 아내 얼굴이 보이더군요. 그런데 잠시 후에야 그게 생시임을 알았습니다. 아내가 거기까지 나를 찾아온 겁니다! 내가 누운 채로 반신반의하고 있으니 아내가 칼로 결박을 끊고 일으켜 세우고는 앞장서서 적의 마을을 빠져나갔습니다."[6]

빗물이 발자국을 지워 주는 가운데 그들은 밤새 잰걸음을 놀려 동틀 무렵에는 불을 옮김이 마련해 둔 은신처에 다다랐다. 거기 숨어서 먹고 쉬기를 세 뿔이 웬만큼 기운을 되찾을 때까지 했다.

적의 정예 부대가 뒤쫓고 있음을 알았기에 불을 옮김과 세 뿔은 조심스레 다시 집으로 향했다. 세 뿔이 쉬어 가야 해서 어느 버려진 곰 굴에 마지막으로 숨었을 때, 불을 옮김은 남편이 잠든 사이에 몰래 나갔다가 저녁때 흠뻑 젖어서 맨발로 돌아왔다. 추격대를 다른 길로 따돌리려고 모카신을 개울 근처에 두고 온 것이다. 그러다 들킬 뻔해서 개울가로 내려가 비버 굴에 숨기도 했다.

며칠 후 그들은 마을로 돌아왔는데, 불을 옮김은 남편을 막아 이 일을 발설하지 못하게 했다. 그냥 잡혀간 데서 도망쳐 나왔다고만 말하게 했다. 세 뿔은 아내에게 '모카신 없음'이라는 새 이름을 지어 주었을 뿐 평생 아무에게 아무런 설명도 하지 않았다.

그러다 지금에야 자신의 집 모닥불 앞에서 원로들에게 새 이름의 배후 사연을 털어놓은 것이다.

세 뿔은 이렇게 말을 맺었다. "살아오면서 좋은 사람들을 만났습니다. 지혜롭고 명예롭고 너그럽고 용감한 사람은 많았어요. 하지만 그 모든 덕에 참뜻을 부여하는 단 하나의 덕을 갖춘 사람은 늘 내 곁을 지켜 주는 이 노파밖에 없었습니다. 그 덕은 바로 겸손이지요."[7]

겸손의 짐은 가볍다

마셜이 모카신 없음의 이야기를 마치면서 밝힌 소감은 이렇다. "겸손의 짐은 가볍다. 참으로 겸손한 사람은 인정받으려는 욕구를 버리기 때문이다. 반면에 교만의 짐은 날로 더 무거워진다. 인생길을 누군가와 동행하려거든 겸손한 사람과 함께 조용한 길로 가라."[8]

모카신 없음의 이야기에는 예상을 뒤엎는 반전이 있어서 좋다. 내가 예상한 것은 세 뿔이 겸손의 최고 모본으로 추앙되는 것이었다. 그런데 알고 보니 칭송받은 사람은 그의 아내였다. 얼마나 유쾌한가. 또한 우리의 가부장적 문화에 얼마나 좋은 교훈이 되는가.

예수님의 남성성

역사가 크리스틴 코베스 듀 메이Kristin Kobes Du Mez는 『예수와 존 웨인』 Jesus and John Wayne이라는 도전적인 책을 썼다. 사실은 남성성에 대한 연구서인데, 특히 그녀는 그리스도인 남성을 "예수의 거칠고 공격적인 군사"로 규정하려는 복음주의자들의 시도를 비판한다.

성공회 사제 노아 밴 닐Noah Van Niel도 『예수와 존 웨인』을 언급하며 지적하기를, 남성성을 그렇게 정의하면 예수님의 남성성의 핵심 요소인 "긍휼과 겸손과 헌신" 등이 배제된다고 했다. 또 겸손에 대해서는 이렇게 썼다. "예수님은 힘을 과시하거나 힘으로 다른 사람을 지배하지 않으신다. 천하의 영광을 다 주겠다는 사탄의 말을 거부하신다. 그분의 힘은 무력한 자들을 위한 것이며 비움으로써 커진다. 가난하고 억눌리고 박해받는 이들에게 그분은 '천국이 너희 것이라'라고 선포하신다."9 밴 닐의 말마따나 예수님의 남성성은 우리에게 "우위에 서서 지배하려는 충동을 버리고, 자신의 힘과 권세를 미화하기를 그만두고, 겸손과 섬김에 힘쓰면서 자신이 아닌 다른 사람들을 세워 주는" 법을 보여 준다.

코베스 듀 메이와 밴 닐의 말이 옳다. 그런데 나도 현대 문화와 심지어 종교에까지 널리 퍼져 있는, 남자는 무조건 강해야 남자답다는 통념에 이끌릴 때가 아주 많다. "긍휼과 겸손과 헌신"을 강조하는 남성성에는 내 마음이 완고하게 맞서는 것이다.

새로운 길을 배우고 싶다. 가족과 친구와 이웃은 물론이고 원수까지도 예수님의 방식대로 대하고 싶다. 사랑하는 주님, 제게 이 새로운 길을 가르쳐 주소서.

셋째 주

세 가지 특질

에베소서 4:2은 내게 익숙한 구절이지만 오늘 오후에 새롭게 다가온다. "모든 겸손과 온유로 하고 오래 참음으로 사랑 가운데서 서로 용납하고." 아마 "겸손"과 "온유"와 "오래 참음"이라는 세 가지 특질이 내 주목을 끌었을 것이다. 거기에 결정적 문구인 "사랑 가운데서 서로 용납하고"가 어우러져 있다. 어쨌든 이 본문을 암송하고 작은 카드에 적어서 한 달 정도 가지고 다니면서, 겸손에 대한 내 이해가 어떻게 깊어지는지 봐야겠다.

하나님은 겸손한 사람을 지켜 주신다

오후에 앉아서 토마스 아 켐피스Thomas à Kempis의 명작 『그리스도를 본받아』The Imitation of Christ, 브니엘를 펴 든다. 가장 내 마음에 드는 윌리엄 크리시William Creasy의 번역본이다. 이제 막 2권 2장을 펼치니 겸손에 대한 의미 있는 논의가 나온다. 기억에는 없지만 이전에 읽을 때 밑줄을 쳐 둔 곳들도 보인다. 이 대목의 교훈은 요즘 내게 도움이 필요한 부분과 정확히 맞아 든다. 즉 다른 사람들에게 내 잘못을 보여야 한다는 것이다. 나아가 토마스는 나를 바짝 끌어들여 하나님이 겸손한 사람을 얼마나 지켜 주시는지를 깨우쳐 준다.

이 본문은 통째로 인용하는 게 제일 좋다.

다른 사람들이 우리의 잘못을 알고 지적해 주면 대개 우리의 겸손이 깊어지는 데 큰 도움이 된다. 자신의 결점 앞에서 겸허해지는 사람은 상대를 쉽게 안심시키고 그의 분노마저 가라앉힌다. 하나님은 겸손한 사람을 보호하시고 구해 주신다. 귀히 여기시고 위로해 주신다. 하나님은 겸손한 사람에게 자신을 내주시고 큰 은혜를 베푸신다. 그를 낮추신 후에 영화롭게 높여 주신다. 하나님은 겸손한 사람에게 비밀을 계시하시며, 자상하게 그를 자신께로 이끄시고 부르신다. 겸손한 사람은 하나님만을 의지하기에 환난 중에도 평안으로 충만하다. 하나님과 사람들 앞에서 자신이 참으로 겸손하다고 느껴질 때까지는 조금도 진전을 이루었다고 생각하지 말라.[10]

결론 문장이 지금 내게 강하게 다가온다. "하나님과 사람들 앞에서 자신이 참으로 겸손하다고 느껴질 때까지는 조금도 진전을 이루었다고 생각하지 말라." 겸손이야말로 영적 삶에서 얼마나 확실한 진전의 척도인가! 한동안 이 말을 품고 살아야겠다.

겸손과 거룩한 여유

겸손과 신앙 스승들이 말하는 '오티움 상툼' otium sanctum 즉 거룩한 여유가 서로 연관성이 있을지 궁금하다. 거룩한 여유란 통제하고 밀어붙이고 얻어내고 성취하려는 욕구에서 해방된 상태다. 거룩한 여유는 삶의 균형 감각을 가리킨다. 일상 활동 속에서 늘 평안을 잃지 않고, 안식하며 시간을 내서 아름다움을 누리고, 속도를 늦추어 하나님의 우주적 인내 속에 들어갈 줄 아는 것이다.

사람들은 결과만 보고 우리를 규정하려 들기 때문에, 다른 방향으로 가려면 우리 마음이 아주 겸손해야 한다. 겸손에 힘입어 우리는 사방 어디서나 보이는 '숨 가쁘게 매달리는 미친 듯한 악다구니'에서 벗어나 잠잠히 **거룩한 여유** 속에 들어갈 수 있다.

인간 덕성의 가장 수려한 개화

일찍이 1908년에 W. S. 브루스[Bruce]는 『그리스도인의 성품 형성』*The Formation of Christian Character*에서 이렇게 썼다. "그리스도인은 **도덕적 효능이 가장 높은** 인간이고, 윤리적 경험이 가장 풍부한 인간이다. 그리스도인의 여러 미덕이야말로 인간 덕성의 가장 수려한 개화다. 성령께서 경건의 뿌리를 싹 틔우고 비료를 주시면, 의무가 기쁜 섬김으로 변하고 본분의 이름이 즐거움으로 바뀐다."[11]

이 실재를 우리 삶의 경험 속에서 좀처럼 보기 힘든 이유는 우리가 "그리스도인"과 "성품"을 따로 떼어 놓은 적이 너무 많기 때문이다. 우리가 생각하는 그리스도인은 더는 그리스도를 닮아 가는 존재가 아니다. 브루스는 이 문제를 자세히 잘 풀어낸 뒤 우리를 이런 고백으로 이끈다. "나는 아직 그분을 닮아야 한다. 그분의 참모습을 보고 싶다." 그런 그리스도인은 브루스의 말대로 "'그의 깨끗하심과 같이' 자신을 깨끗하게 해야 한다는 계명의 위력을 느낀다."[12]

그에 따르면 이렇듯 "윤리는 새로 세례를 받아 모든 덕행에 안정과 힘과 영속성을 더해 준다." 덕성이 "그리스도인의 성품이라는 직물을 … 짱짱하게 해주는" 것이다.[13]

과연 그렇다. 그리고 예수님을 따르는 이들에게는 겸손이 으뜸가는 덕성이다.

만인에게 평등한 죽음

오늘 기독교 작가이자 상담 심리학자인 래리 크랩Larry Crabb의 추도식에 참석했는데 여러모로 감동적인 예배였다. 죽음이 만인에게 평등하다는 사실을 새삼 되새기는 계기가 되었다. 죽음은 우리 모두에게 찾아온다. 무력하고 이름 없고 약하고 가난한 사람만 데려가는 게 아니라 힘 있고 유명하고 강하고 부유한 사람도 똑같이 데려간다. "죽음은 운명이다"라는 자동차 범퍼 스티커의 문구는 우리를 살맛 나게 하지는 않지만 엄연한 사실이다. 나를 비롯한 우리 모두에게 죽음은 어쩔 수 없는 운명이다.

그러나 예수님의 길을 따르는 이들에게는 죽음이 끝이 아니다. 우리의 죽음은 그분의 삶과 죽음과 부활의 권능을 통해 결국 궤멸된다.

> 사망을 삼키고 이기리라.…
> 사망아, 너의 승리가 어디 있느냐.
> 사망아, 네가 쏘는 것이 어디 있느냐.…
> 우리 주 예수 그리스도로 말미암아 우리에게 승리를 주시는 하나님께 감사하노니. (고전 15:54-57)

예배 내내 말없이 앉아 생각에 잠긴다. 나와 내 주위에 앉은 모든 사람이 결국 죽는다고 생각하면 가슴이 뻐근해진다. 그러나 우리 주 예수 그리스도 안에서 마침내 궤멸될 죽음을 관상하면 그보다 더한 감격이 밀려온다. 이 실재가 나를 겸허하게 한다.

넷째 주

지혜와 겸손

지혜와 겸손은 서로 연관성이 있을까? 우리 삶의 좋고 나쁜 경험을 두루 심사숙고하면 거기서 지식이 쌓인다. 그러나 지식 자체가 지혜는 아니다. 그렇다면 어떻게 지식에서 지혜로 옮겨 갈까? 한동안 생각해 봐야겠다.

엄청난 양의 겸손

경험의 연륜에서 오는 지식을 사려 깊게 적용하면 교만과 조급증과 고집과 분노 등 수많은 문제를 극복하는 길을 터득하게 된다. 조셉 마셜의 『바람이 너를 지나가게 하라』에 이런 대목이 나온다.

> 살아가려면 인내해야 하고, 역경에 용감히 맞서야 하고, 유혹 앞에서 꿋꿋해야 하고, 아무리 고통스러워도 진실을 말해야 하고, 겸손히 행해야 하고, 가족을 위해 희생해야 하고, 너그러이 베풀어 참된 부자가 되어야 하고, 삶의 대순환에 속한 모든 것을 존중해야 하고, 사리사욕보다 명예를 택해야 하고, 가난한 사람에게 연민을 실천해야 하고, 화목한 대인 관계에 힘써야 하고, 그밖에도 삶을 의미 있게 하는 여러 덕을 실천해야 한다.[14]

이렇게 생명을 살리는 선택을 하면 지식에서 지혜로 옮겨 갈 수 있다. 지혜란 내면의 바른 동기로 때와 장소에 맞게 바른 언행을 선택하는 것이다. 이렇게 지혜를 구사할 수 있으려면 우리에게 엄청난 양의 겸손이 요구된다.

겸손은 더 큰 적들과 싸운다

마음과 생각과 몸과 영혼은 어떻게 그리스도를 닮은 모습으로 빚어질 수 있을까? 내 신앙 초기에 그것을 깨우쳐 줄 책들을 찾다가 금세 깨달은 게 있다. 바로 이 주제로 이미 오랜 세월 동안 위대한 대화가 이루어졌다는 것이다. 제목이 자못 근엄한 윌리엄 로William Law, 1686-1761년의 『경건한 삶을 위한 부르심』 A Serious Call to a Devout and Holy Life도 그때 만난 책 중 하나다.

실제로 내가 진정한 기독교 제자도를 맨 처음 접한 것은 디트리히 본회퍼Dietrich Bonhoeffer의 『성도의 공동생활』Cost of Discipleship, 복있는사람을 통해서였다. 내게 그 책은 금광이었고 십 대 시절 내내 신앙을 지켜 주었다. 그다음이 윌리엄 로와 그의 책 『경건한 삶을 위한 부르심』이었다. 이 책이 내게 미친 영향은 이루 헤아릴 수 없다. "경건"을 단순한 경건 행위에서 끄집어내 일상생활과 일상 활동에 접목함으로써 경건에 대한 나의 인식을 확장하고 심화해 준 것이다.

이 책은 빠르게 읽히지 않는다. 나도 수십 년째 수시로 읽곤 한다. 저번 날 마주친 겸손에 대한 통찰은 여태 본 적이 없거나 보았더라도 대충 넘어간 것인데, 오늘 아침 그 말이 내 마음을 사로잡고 내 심령을 깨운다. 로의 표현을 그대로 옮긴다. "끝으로 용기와 담력도 듣기 좋은 말이고 숭고한 정신의 표출이겠지만, 경건의 가장 낮고 천한 부분처럼 보이는 겸손이야말로 고결하고 용감한 사고의 더 확실한 논거다. 겸손은 더 큰 적들과 싸우고, 더 한결같이 씨름하고, 더 맹렬히 공격당하며, 더 참고 견딘다. 겸손을 떠받치려면 세상의 그 어떤 담력보다도 더 큰 용기가 필요하다."15

하루하루가 겸손의 날이 되게 하라

『경건한 삶을 위한 부르심』에 나오는 겸손에 대한 마지막 가르침이 있다. 옛날 작가들이 으레 그랬듯이 로도 48개 단어로 된 만연체 문장을 구사한다. 그래서 그것을 풀어내려면 인내심이 필요하다. "하루하루가…겸손의 날이 되게 하라. 동료 피조물의 모든 약점과 결함의 자리로 내려가고, 그들의 허물을 덮고, 그들의 뛰어난 점을 사랑하고, 그들의 형통을 응원하고, 그들의 곤경에 연민을 품고, 그들의 우정을 받아들이고, 그들의 야박한 행동을 못 본 척하고, 그들의 악의를 용서하고, 모든 종의 종이 되고, 가장 낮은 사람 앞에서도 더 낮은 자리로 내려가라."16

9. | 수확의 달

◐ 8월 13일-9월 9일

연민

내가 여호와를 항상 송축함이여,
내 입술로 항상 주를 찬양하리이다.
내 영혼이 여호와를 자랑하리니
곤고한(겸손한, NRSV) 자들이
이를 듣고 기뻐하리로다.
나와 함께 여호와를 광대하시다 하며
함께 그의 이름을 높이세.

다윗(시편 34:1-3)

우리를 구원하는 것은
금욕도 철야도 기타 어떤 행위도 아니고
오직 진실한 겸손뿐이다.

사막의 수도자 테오도라 Theodora

> 첫째 주

참된 연민을 낳는 무조건적 사랑

라코타족의 여덟째 덕목은 '와운실라피'Waunsilapi, 즉 '연민'이며 이렇게 묘사되어 있다. "자신을 돌보듯 바른 행동으로 다른 사람들을 돌보면 연민하는 사람이 된다. 상대를 딱하게 여기거나 동정해야만 이 덕을 실천할 수 있는 게 아니다. 사실 참된 연민을 낳는 무조건적 사랑은 내면의 힘에서 비롯한다."[1]

연민에 대한 이 설명을 보니 선한 것과 주께서 우리에게 구하시는 것이 "오직 정의를 행하며 인자를 사랑하며 겸손하게 네 하나님과 함께 행하는 것"이라 한 놀라운 성경 본문이 떠오른다(미 6:8). 그것이 전부다. 그것이면 충분하다.

당연히 내게도 이 **"참된 연민"**이 더 많아져야 한다. 우리 시대에 흔히 보이는 "연민"은 참된 연민이 아니라 삶에서 자신의 입지를 높이려는 수단이다. 주 예수님, "참된 연민을 낳는 무조건적 사랑"이 제 안에 더 많아지게 하소서.

우리 부부의 결혼식에서 불렀던 찬송가

어젯밤에 결심하기를 한낮의 더위를 피해 새벽에 계곡을 걷기로 했다. 그런데 일어나 보니 아직 먼동이 트기도 전이다. 새벽의 전령인 여명을 기다리면서 옛 찬송가를 뒤적이다가 우연히 54년 전 우리 부부의 결혼식에서 불렀던 찬송가 "복의 근원 강림하사"와 마주쳤다. 얼른 복사하여 주머니에 넣는다.

박명에 집을 나서 해돋이 전에 계곡에 도착한다. 오늘은 내가 일착이다. 그래서 통나무 벤치들로 이루어진 작은 원형 극장으로 향한다. 거기서 파이크스 피크가 굽어보이는데 유트족의 명칭으로는 '해의 산'이다.

혼자서 그 찬송가를 부른다. 각 절마다 나를 한껏 기대감에 부풀었던 까마득한 옛날의 결혼식 날로 데려간다.

복의 근원 강림하사
찬송하게 하소서.
한량없이 자비하심
측량할 길 없도다.
천사들의 찬송가를
내게 가르치소서.
구속하신 그 사랑을
항상 찬송합니다.

주의 크신 도움 받아
이때까지 왔으니
이와 같이 천국에도
이르기를 바라네.
하나님의 품을 떠나
죄에 빠진 우리를
예수 구원하시려고

보혈 흘려 주셨네.

주의 귀한 은혜 받고
일생 빚진 자 되네.
주의 은혜 사슬 되사
나를 주께 매소서.
우리 맘은 연약하여
범죄하기 쉬우니
하나님이 받으시고
천국 인을 치소서. 아멘.[2]

다시 걷는 동안 그 찬송가 가사가 머릿속에 쟁쟁하고 곡조가 마음속에 메아리친다. 산책이 즐거워진다. 다 걷고 나니 몸은 노곤한데 심령에는 활기가 넘친다.

자아에서 해방되는 더디고도 고통스러운 세월

오늘은 작가 폴라 허스턴Paula Huston의 원고를 읽고 있다. 제목이 『빅서의 은자들』The Hermits of Big Sur인데 아주 잘 썼고 깊이가 있다. 관상의 전통을 뉴 카말돌리 수도원이라는 특정 공동체의 시각으로 탐색한 책이다. 그 수도원은 태평양이 내려다보이는 아름다운 빅서 산자락에 자리해 있다.

읽다가 만난 허스턴의 한 통찰이 내가 공부 중인 겸손과 일맥상통한다. "하룻밤 사이에 관상가가 될 수는 없다. 사실 이렇게 거룩하고 지혜가 충만해지려면 자아에서 해방되는 더디고도 고통스러운 세월이 요구된다. 욕심을 처리하고, 감정을 길들이고, 사고를 훈련해야 한다. 겸손이 제2의 천성이자 생활 방식이 되어야 한다. 기독교 수도원 전통에서는 자아에서 해방되는 이 과정의 결과를 '푸리타스 코르디스'*puritas cordis* 즉 '순결한 마음'이라 칭한다."³

물론 내 관심사는 "자아에서 해방되는" 일이 일상 속에서 어떻게 이루어지는지를 더 깊이 이해하는 데 있다. 많은 만남과 전화 통화와 잡다한 일상사의 한복판에서 어떻게 겸손이 내게 "제2의 천성이자 생활 방식이 될" 수 있을까? 그 속에서도 진정한 탈자아의 경험이 가능할까? 바로 이런 의문에 답하고 싶다.

관상의 전통이 우리에게 일깨워 주듯이 마음과 사고와 영혼이 제대로 빚어지려면, 그 비결의 필수 요소는 곧 고독과 침묵의 시간이다. 탈자아의 열매를 일상 속에서 더 맛보기를 내 마음이 사모한다.

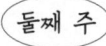
둘째 주

겸손의 기도

오늘은 구약의 약간 특이한 본문을 묵상하고 있다. 바로 야베스의 이야기인데, 딱 두 구절에만 나올 뿐이고 성경 어디에도 그가 다시 언급되지 않는다. 그 간략한 본문은 이렇다. "야베스는 그의 형제보다 귀중한 자라. 그의 어머니가 이름하여 이르되 야베스라 하였으니 이는 내가 수고로이 낳았다 함이었더라. 야베스가 이스라엘 하나님께 아뢰어 이르되 '주께서 내게 복을 주시려거든 나의 지역을 넓히시고 주의 손으로 나를 도우사 나로 환난을 벗어나 내게 근심이 없게 하옵소서' 하였더니 하나님이 그가 구하는 것을 허락하셨더라"(대상 4:9-10).

히브리어 원문은 **고통**이라는 단어로 언어유희를 하고 있다. **야베스**라는 단어는 '고통 중에 태어났다'라는 뜻이다. 어머니가 이렇게 작명한 이유는 분명히 그를 낳을 때 산고가 유달리 심해서였다. 내 생각에 야베스는 이 이름 때문에 다른 아이들에게 잔인한 놀림과 조롱을 당하며 적잖이 고생했을 것이다.

여러 해 전에 어떤 책을 계기로 이 기도가 큰 논란을 부른 적이 있는데, 안타깝게도 그 논란은 기복 신앙과 온통 뒤엉켜 이 기도의 핵심 요지를 놓쳤다.

사실 이것은 겸손의 기도다. 야베스의 단순한 기도는 출생에 얽힌 자기 이름의 여파에서 벗어나게 해달라는 것이었다. 이 겸손한 기도의 결과를 묘사한 성경의 절제된 표현이 인상적이다. "하나님이 그가 구하는 것을 허락하셨더라." 놀랍다.

뿌리이신 그분께 꼭 붙어 있을 것

"겸손과 거룩함"을 논한 토머스 켈리의 『거룩한 순종』을 다시 펴 든다. 오늘은 무엇이 겸손이 아니고 무엇이 겸손인가에 대한 그의 이중 정의가 마음을 사로잡는다. "겸손이란 우리의 남루한 삶에 당황하여 좌절하는 자기혐오도 아니고, 깨갱거리는 개처럼 겁먹은 태도도 아니다. 겸손이란 한없이 경이로운 하나님께 눈떠, 그분만이 중요하고 우리의 자아에서 기원한 모든 도모는 허수아비에 불과함을 깨닫는 것이다. 그래서 낮고 겸손하게 우리는 뿌리이신 그분께 꼭 붙어 있어야 한다."[4]

"뿌리이신 그분께 꼭 붙어 있어야" 한다고 역설한 의미를 생각해 본다. 틀림없이 이는 하나님을 가까이할수록 우리의 겸손이 더 깊어진다는 뜻이다. 그 책의 다른 부분에 "겸손은 거룩한 눈멀음이다"라는 말도 나온다.[5] 눈이 멀어 다른 모든 충성의 대상은 보이지 않고 하나님만 보인다는 의미다.

나는 그 상태와는 거리가 멀어도 한참 멀다. 나의 충성은 분산되어 있다. 내가 조각조각 쪼개진 느낌이다. 아니, 실제로 조각조각 쪼개져 있다. 오 하나님, 제 마음을 정결하게 하소서. 제 생각을 새롭게 하소서. 제 상상을 거룩하게 하소서. 제 영혼을 넓혀 주소서.

다행히 이어지는 켈리의 말이 내게 힘이 된다. "하나님을 지향하는 사고 습관을 익힐수록 겸손도 그만큼 깊어진다."[6] "하나님을 지향하는 사고 습관"을 기르는 일이라면 나도 해볼 수 있겠다.

말 없는 겸손

오늘은 우리 집 부지에 속한 나무 다섯 그루를 베는 날이다. 이곳 블랙 포레스트에 수백 그루의 아름드리 소나무가 잘 관리되고 있는데, 동절기를 견뎌 내지 못한 그 다섯 그루는 산불 예방 차원에서 벌목되어야 한다.

한 그루씩 쓰러질 때마다 조금 슬프다. 그동안 나무들은 내 친구가 되었고, 더러는 내가 이름까지 붙여 주었다. 집 근처의 한 나무는 빅토르 위고 Victor Hugo의 소설을 기려 '노트르담의 꼽추'라 부른다. 뒤틀린 혹이 있고 휘어졌으나 꿋꿋이 잘 자란다. 풍상에 시달린 또 다른 나무는 부지에서 최고령에다 몸집도 가장 커서 J. R. R. 톨킨Tolkien의 원시 엔트족을 기려 '나무수염'이라 부른다. 엔트족은 나무며 예로부터 숲의 목자다. 캐롤린이 내 이름을 붙여 준 나무도 있는데, 아침에 테라스에 나가 앉으면 그 나무가 자라는 게 보인다. 사실 나는 모든 나무의 성장을 지켜본다. 그들은 성장함으로써 하나같이 성부 하나님의 뜻을 행한다.

오늘 아침 테라스에서 우리 고사목 다섯 그루를 베는 로버트를 내다본다. 그의 기술이 대단하다. 오래전에는 나도 동력톱을 좀 썼으나 언젠가 톱날이 내 장화 속에까지 파고들어, 장화 바닥의 쇠심만 아니었다면 발까지 자를 뻔했다. 그 뒤로 다시는 동력톱을 쓰지 않는다!

그래서 여러 기계로 능수능란하게 베고 들어 올리고 분쇄하는 로버트에게서 눈을 뗄 수 없다. 직업이 소방관인 그는 마치 우리 숲이 자신의 본거지인 양 작업이 신속하고 효율적이다. 로버트에게는 감탄을 자아내는 말 없는 겸손이 있다.

다른 각도에서 둘 다 겸손을 가르쳐 준다

오늘은 신약에 나오는 겸손의 다양한 사례를 생각한다. 물론 겸손의 모든 동사 활용에서 우리의 모형은 예수님이시다. 하지만 다른 예도 얼마든지 많이 있다.

지극히 겸손한 마음의 탁월한 모본으로 마리아를 꼽고 싶다. 그녀와 천사의 만남을 생각해 본다. 이십 대 소녀에게 천사의 메시지는 청천벽력이었을 수밖에 없다. 자신이 메시아의 어머니가 되다니? 그런데 마리아의 반응은 누구라도 수긍할 만한 겸손의 순수한 정의 자체다. "주의 여종이오니 말씀대로 내게 이루어지이다"(눅 1:38). 얼마나 아름답게 표현된 겸손한 마음인가!

요셉도 있다. 성경에 요셉의 말은 한마디도 나오지 않는다. "내 영혼이 주를 찬양하며"로 시작되는 마리아의 놀라운 찬미는 나와 있으나(눅 1:46-55) 요셉의 발언이나 고백은 없다. 일언반구도 없고 그저 겸손한 순종뿐이다. 마리아의 임신 사실을 안 요셉은 "그를 드러내지 아니하고 가만히 끊고자" 했다(마 1:19). 그런데 주님의 천사가 이번에는 꿈속에서 그를 찾아온다. 마리아의 상황을 사실대로 전해 들은 그는 겸손히 이렇게 행한다. "요셉이 잠에서 깨어 일어나 주의 사자의 분부대로 행하여 그의 아내를 데려왔으나 아들을 낳기까지 동침하지 아니하더니 낳으매 이름을 예수라 하니라"(마 1:24-25). 겸손히 순종한 아름다운 행위다.

나는 마리아와 요셉이 둘 다 좋다. 다른 각도에서 둘 다 우리에게 겸손을 가르쳐 준다.

꽃은 영혼을 위한 것

라코타족의 미적 감각이 참 놀랍다. 당연히 그 초점은 아름다운 자연의 면면이다. 『그래도 삶은 계속된다』*The Wisdom of the Native Americans*, 고즈윈를

편집한 켄트 너번Kent Nerburn은 국제적으로 인정받은 예술가인 만큼 아메리카 원주민이 표현하는 아름다운 자연도 아주 예리하게 포착해 낸다. 그는 대지의 자연미를 예의 주시하는 그들에게 주목한다. "한여름 축제 때면 그들은 갓 자른 나뭇가지로 초당草堂을 지어 회의실과 댄스홀로 썼다. 참석한 우리는 잎이 무성한 가지를 몸치장에도 쓰고, 햇빛 가리개와 부채로도 들고 다니고, 화환처럼 엮어 말의 목에도 걸어 주었다. 그런데 이상하게 그들도 꽃은 좀처럼 자유자재로 사용하지 않았다. 그 이유를 물어본 적이 있다."[7]

그에게 돌아온 답은 이렇다. "꽃은 몸에 두르라고 있는 게 아니라 영혼으로 누리라고 있는 겁니다. 꽃을 그대로 두어야 위대한 정원사께서 뜻하신 대로 수한이 다하기까지 번식합니다. 그분이 심으셨으니 우리가 꺾으면 안 되지요. 꺾으면 이기적인 겁니다."

자존심을 조금씩 벗은 사람

오늘 아침 아시시의 클라라Clare of Assisi의 철두철미한 영적 비전에 대한 글을 읽는다. 강하게 와닿는 한 문장이 있다. "기독교의 진리를 몸으로 구현한 클라라는…자존심과 이 땅의 모든 부속물을 조금씩 벗어 결국 삶의 피골만 남은 채 불편한 침상에서 살았다."[8] 자존심을 조금씩 벗는다는 말 속에 기독교적 겸손의 극치가 얼마나 절절히 표현되어 있는가.

오 주님, 저도 자존심에서 해방된 생활 방식에 들어가도록 도와주소서. 다만 이런 실재 속으로 저를 들이실 때 태풍으로 하지는 **마시고** 그 안으로 "조금씩" 이끌어 주소서. 감사합니다. 아멘.

넷째 주

겸손의 목을 조르는 올가미

라코타족의 한 속담이 무슨 뜻인지 며칠째 골똘히 생각 중이다. 아주 간단한 속담이다. "가난은 겸손의 목을 조르는 올가미며, 신과 인간을 홀대하게 한다."9 가난이 목을 조르는 게 왜 하필 (하고많은 덕목 중에) 겸손일까? 가난의 어떤 면이 겸손의 목을 조를까? 의문이 꼬리를 잇는다.

이 속담에서 배워야 할 게 분명히 더 있겠지만 현재까지 내가 이해하기로는 이렇다. 모든 덕목과 특히 겸손에는 끊임없는 실천과 주목이 요구된다. 가난은 이 초점을 완전히 삼켜 버린다. 가난할 때는 '오늘은 양식을 어떻게 구하나?'와 '오늘 밤에는 어디서 자나?'가 초미의 관심사가 된다. 생존 자체의 문제가 모든 것을 지배한다!

물론 항상 그런 것은 아니다. 가난한 이들 중에도 덕스러운 영혼, 마음이 못내 겸손한 영혼이 있다. 둘 다 나치 수용소에서 살아남은 빅터 프랭클Viktor Frankl과 코리 텐 붐Corrie ten Boom이 떠오른다. 이런 사람들은 칠흑같이 어두운 곳에서도 등댓불처럼 빛을 발한다.

그래도 이 속담은 가난의 파괴성을 일깨운다. 가난은 인간의 영혼을 위축시킬 수 있다.

장작과 불이 가르쳐 주는 겸손

장작과 불도 겸손을 가르쳐 주고 싶은가 보다! 네이트는 '해의 산'을 등정하기로 했다. 이것은 유트족의 지명이고 오늘날 대다수 그 산을 파이크스 피크로 알고 있다. 아들은 크레이그 등산로를 따라 산

뒤쪽에서부터 오를 참이다.

　나도 거들기로 한다. 그래서 우리는 등산로 입구에 텐트를 친다. 저녁이 되어 내가 불을 피운다. 나는 이 일이 아주 즐겁다. 우선 작은 원뿔형으로 불쏘시개를 쌓고, 제때에 더 큰 막대기를 얹은 다음, 마지막으로 통나무를 올린다. 잘 붙은 불이 계속 이글거리며 저녁 내내 우리를 따뜻하게 해준다. 간간이 들쑤셔 불을 알맞게 유지한다. 뜨거운 화염에 저녁을 지어 먹고 취침 때까지 벌건 숯불 앞에서 소소한 대화를 나누니 그야말로 신선놀음이 따로 없다.

　자려고 텐트에 들어가니 금세 몸이 얼어붙을 것 같다. 고도 3천 미터 지점이 얼마나 추워질 수 있는지를 깜빡 잊었다. 밤새도록 발이 따뜻해지지 않아 일찍(새벽 4시 반쯤) 일어나 새로 불을 피운다. 시린 새벽에 불꽃이 뜨거우니 이 얼마나 흡족한가.

　등산로 입구까지만 네이트와 함께 걷고 거기서 작별한다. 나의 포티너스[고도 14,000피트(4,267미터)가 넘는 콜로라도주 50여 개 산을 그렇게 부른다—옮긴이] 등정의 시대는 갔다. 나중에 나는 운전해서 해의 산을 빙 돌아 앞쪽의 매니투 스프링즈로 가서 톱니바퀴 기차를 타고 정상에 오른다. 네이트도 늦지 않게 도착해 있다. 예정대로 우리는 함께 기차를 타고 하산한다.

　운전해서 산을 빙 돌아 텐트로 돌아오니 마침 식사 조리와 밤의 대화를 위해 다시 내가 불을 피울 시간이다. 불쏘시개와 통나무를 불꽃이 피어오르기에 적당한 만큼만 모은다. 이번에도 모든 게 척척 계획대로다. 발이 뜨끈뜨끈해질 때까지 불을 쬔다. 딱 이 정도면 밤새 발이 얼어붙는 일은 없으리라. 아침 6시쯤 일어나 불을 피울 준비를 한다. 텐트를 걷기 전의 마지막 불이다. 그런데 이번에는 돌발 사태가 나를 겸허하게 한다. 여정 중에 피운 네 번째 불인데도 말이다.

남은 불쏘시개를 완벽한 원뿔형으로 쌓고 성냥을 당긴다. 불이 확 붙어 환하게 타다가 점차 연기로 바뀐다. 잔가지들의 배열을 조정한 뒤 작은 불을 더 열심히 살려 본다. 잠시 활활 타오르더니 연기만 자욱하다가 끝내 꺼진다. '어젯밤 재에 물을 너무 흠뻑 부었나' 하는 생각이 든다.

그래서 몇 번이고 다시 해본다. 이때쯤 기상해 있던 네이트도 시도해 본다. 결과는 똑같다. 다시 내가 넘겨받는다. 이제 '불 지킴이'로서의 내 평판을 지켜야 한다는 조바심마저 든다. 매번 신통치 않은 데다 어언 불쏘시개도 다 떨어져 더 큰 통나무 몇 개만 남았다. 아쉬운 대로 연기 나는 불에 아침을 짓는다. 피어오르는 연기 앞에서 음식을 먹으면서 우리는 이런 생각이 든다. 분명히 장작과 불도 생각이 있어서 우리가 우월감에 젖으려 할 때마다 우리에게 겸손을 한 수 가르쳐 준다고 말이다!

인내와 겸손

오늘 오후에 인내와 겸손의 관계를 생각한다. 정황은 아주 흔한 것이다. 약속을 잡으려고 어떤 회사에 전화한다. 녹음된 메시지는 늘 똑같다. 전화해 주어 감사하고, 내 업무는 중요하고, 자기네는 훌륭한 회사며, 금방 사람이 나온다는 단언이다. 이어 귀에 거슬리는 음악을 90초 동안 견디고 나니 녹음된 말이 또 시작된다. 똑같은 메시지다. 내 업무는 중요하고, 자기네 회사는 세상 최고며, 금방 사람이 나온다는 것이다. 그다음은 다시 고막을 찢을 듯한 음악이다. 그것도 음악이라 할 수 있다면 말이다. 그러기를 20분, 나는 답답해서 전화를 끊는다. 저쪽의 무인 음성을 당장 저주라도 할 것 같다.

그 정도면 그나마 나은 편이다. 어떤 회사는 선택 메뉴를 억지로 전체 다 듣게 하는데, 그중에 내 용건에 해당하는 것은 하나도 없을뿐더러 인간과의 통화는 끝내 절대로 허용되지 않는다. 현대 전화 기술의 미로를 헤쳐 나가기에는 내 인내가 턱없이 부족함을 금세 깨닫는다. 게다가 이런 시스템이 사람들의 시간과 에너지를 악용하는 것도 내 울화를 돋운다.

내 생각에 인내와 겸손은 만 가지 덕목 중에서 서로 사촌 간이다. 내 인내의 분량이 정말 적다는 결론을 내렸다.

4부

변화의 넉 달

가을
———
프단예두

10. 갈색 잎으로 물드는 달

🌙 9월 10일 - 10월 7일

용기

> 진실로 너희에게 이르노니
> 너희가 돌이켜 어린아이들과 같이 되지 아니하면
> 결단코 천국에 들어가지 못하리라.
> 그러므로 누구든지 이 어린아이와 같이
> 자기를 낮추는 사람이 천국에서 큰 자니라.
>
> **예수(마태복음 18:3-4)**

> 천국에 이르는
> 안전하고 참된 길을 닦아 주는 것은 겸손이다.
> 겸손은 주님을 대적하지 않고
> 심령을 그분께로 올려 드린다.
>
> **히포의 아우구스티누스**

> 첫째 주

약한 모습을 내보이는 행위

라코타족의 아홉째 덕목은 '워오히디케'^{Woohitike}, 즉 '용기'다. 이에 대한 설명은 이렇다. "용기는 생사의 지혜와 도의심에서 생겨난다. 용기는 맹목적이거나 무모하지 않으며, 위급할 때 우리 존재의 심연에서 나올 수 있다. 이렇게 상황을 무릅쓰고 약한 모습을 내보이는 행위 덕분에 우리는 최악의 역경에도 맞설 수 있다."¹

용기가 "약한 모습을 내보이는 행위"라는 라코타족의 표현이 마음에 와닿는다. 타인을 공격하기보다 진실과 정의를 위해 의연히 버텨야 함이 강조된다. 어쨌든 내게 이것은 라코타족의 이 덕목을 보는 유익한 관점이다.

궁금하나. 우리 시대 우리 문화에서 겸손한 삶은 용기의 행위일까? 이것도 유익한 사고 흐름이 될 수 있겠다.

우리의 자매 겸손

어젯밤 캐롤린에게 존 마이클 탤벗의 오래된 예배 음악 CD인 "위대하신 왕의 음유 시인"^{Troubadour of the Great King}을 청했다. 잠잘 준비로 틀었는데 살며시 잠들 즈음에 "덕의 찬가"라는 노래가 나왔다. 탤벗은 "자매 겸손"을 찬미하면서 아무도 "자신에 대해 죽지 않고는 덕스럽게 살 수 없네"라고 강조했다.²

잠들기에 좋은 방법이다.

겸손의 호칭기도

며칠째 "겸손의 호칭기도"와 더불어 살고 있다.[3] 라파엘 메리 델 발 추기경Rafael Cardinal Merry del Val, 1865-1930년의 작품으로 흔히 알려진 이 기도문은 내게 상반된 감정을 자아낸다. 그 문제는 잠시 후에 보기로 하자. 한 가지 진심으로 감사한 점은 이 기도문이 겸손을 우리가 열심히 추구해야 할 덕목으로 본다는 것이다. 보통의 종교적 정서와는 얼마나 시원하게 대조적인가. 그 정서대로라면 겸손은 그냥 하늘에서 뚝 떨어지는 것이다. 그것도 겸손을 좋은 것으로 볼 때에 한해서고, 오늘날에는 그렇지 않을 때가 많다.

대개 호칭기도는 개인 기도용이며 공예배에는 쓰이지 않는다. 기도의 형식상 청원이 화답처럼 반복된다. 내게 양가감정을 불러일으키는 부분까지 포함해서 이 기도문의 전문은 다음과 같다.

겸손의 호칭기도

마음이 온유하고 겸손하신 예수님, **이 기도를 들어 주소서**.
존중받고 싶은 마음에서 **저를 구하여 주소서, 예수님**.
사랑받고 싶은 마음에서 **저를 구하여 주소서, 예수님**.
칭송받고 싶은 마음에서 **저를 구하여 주소서, 예수님**.
존경받고 싶은 마음에서 **저를 구하여 주소서, 예수님**.
칭찬받고 싶은 마음에서 **저를 구하여 주소서, 예수님**.
우대받고 싶은 마음에서 **저를 구하여 주소서, 예수님**.
상담을 요청받고 싶은 마음에서 **저를 구하여 주소서, 예수님**.
인정받고 싶은 마음에서 **저를 구하여 주소서, 예수님**.

굴욕당할까 봐 두려운 마음에서 **저를 구하여 주소서, 예수님.**

멸시당할까 봐 두려운 마음에서 **저를 구하여 주소서, 예수님.**

혼날까 봐 두려운 마음에서 **저를 구하여 주소서, 예수님.**

욕먹을까 봐 두려운 마음에서 **저를 구하여 주소서, 예수님.**

잊힐까 봐 두려운 마음에서 **저를 구하여 주소서, 예수님.**

조롱당할까 봐 두려운 마음에서 **저를 구하여 주소서, 예수님.**

피해를 입을까 봐 두려운 마음에서 **저를 구하여 주소서, 예수님.**

의심받을까 봐 두려운 마음에서 **저를 구하여 주소서, 예수님.**

저보다 다른 사람들이 더 사랑받기를, **예수님, 바랄 수 있는 은총을 제게 주소서.**

저보다 다른 사람들이 더 존중받기를, **예수님, 바랄 수 있는 은총을 제게 주소서.**

세상이 보기에 다른 사람들은 흥하고 저는 쇠하기를, **예수님, 바랄 수 있는 은총을 제게 주소서.**

다른 사람들은 칭찬받고 저는 눈에 띄지 않기를, **예수님, 바랄 수 있는 은총을 제게 주소서.**

매사에 저보다 다른 사람들이 우대받기를, **예수님, 바랄 수 있는 은총을 제게 주소서.**

저도 최대한 거룩해지되 저보다 다른 사람들이 더 거룩해지기를, **예수님, 바랄 수 있는 은총을 제게 주소서.**

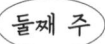

C. S. 루이스의 현명한 반응

돈 조반니 칼라브리아^{Don Giovanni Calabria}가 C. S. 루이스에게 "겸손의 호칭 기도"를 보냈을 때 그가 보인 반응이 귀해 보인다. 1948년 3월 27일자 편지에 루이스는 이렇게 썼다. "메리 추기경이 쓴 기도문을 보내 주셔서 감사합니다. 아셨는지 모르겠지만 그가 이 기도로 물리치려 한 모든 유혹을 저도 늘 통감하고 있습니다. [잘 보이고 싶은 마음에서 저를 구하여 주소서, 예수님.…거부당할까 봐 두려운 마음에서 저를 구하여 주소서, 예수님.…] 바로 제 얘기라서 마음이 찔립니다! 늘 서로를 위해 기도합시다. 안녕히 계십시오."⁴

얼마나 현명한가. 루이스는 겸손을 방해하여 인생을 괴롭히는 두 가지 고질적 유혹("잘 보이고 싶은 마음"과 "거부당할까 봐 두려운 마음")을 지적한다. 이어 자신도 똑같은 유혹을 물리쳐야 함을 고백한 뒤 서로를 위한 기도를 반가이 맞아들인다.

약간 도가 지나치다

"겸손의 호칭기도"에는 내게 해당하는 청원이 아주 많다. 분명히 주목할 만한 내용이며, 좋은 마음이 반영된 것은 물론이다. 그러나 내게는 약간 도가 지나쳐 보인다. 내용을 공부하고 곱씹는 것까지야 좋지만, 그대로 기도하려 하면 매번 막힌다.

그것이 내게는 비굴하다 못해 구걸에 가까운 종교적 경건처럼 느껴진다. 하나님의 형상대로 지음받은 인간의 영광을 폄훼하는 것

같고, 대학생 때 내가 그토록 싫어했던 '벌레 신학'을 연상시킨다.

갈망은 다 잘못된 것인가? 아우구스티누스가 말한 "질서가 잘 잡힌 갈망"은 어떤가? 배우자나 자녀에게 사랑받고 싶은 마음도 잘못인가? 정말 "저보다 다른 사람들이 더 사랑받기를" 위해 기도해야 할까? 아무래도 이 기도문에서 좋은 점만 취하고 나머지는 그냥 두어야겠다.

일종의 문화 다원주의

이름의 뜻이 '승리자'인 오히예사에게 깊이 마음이 끌린다.[5] 샌티 라코타족인 그는 미네소타주 레드우즈 폴스 인근에 들소 가죽으로 지은 티피(북미 원주민의 원뿔형 천막집-옮긴이)에서 1858년 겨울에 태어났다. 내 관심을 끄는 부분은 오히예사가 종교와 영성을 포함한 자기 삶의 많은 분야에서 원주민의 삶과 백인의 문화를 융합했다는 것이다.

어렸을 때 오히예사는 미국 역사서에서 말하는 '1862년 수족族의 봉기'를 겪었다. 그때 아버지와 형제자매와 생이별한 그는 그들이 다 살해된 줄로 알았고, 남아 있던 샌티 라코타족 무리와 함께 캐나다의 매니토바주로 추방되었다. 거기서 라코타족 영성을 교육받았고, 그 내용을 훗날 저서 『인디언의 영혼』 The Soul of the Indian 에 담아냈다.

오히예사가 라코타족 성년이 된 열다섯 살 때 아버지가 찾아와 그를 다코타 준주準州(미국에서 아직 정식 주state로 승격되지 않은 지역을 말함-편집자)에 속한 플랜드로의 농장으로 데려갔다. 개척 입주자에게 정부에서 부여하던 자작 농장이었다. 거기서 그는 다른 원주민 입주자들과 함께 백인 문화에 적응했다.

아버지는 오히예사를 기독교 학교에 입학시켰다. '인디언을 죽이고 사람만 구원하라'라는 원리로 운영되던 당시 기독교 학교들의 적폐가 지금은 잘 알려져 있다. 실제로 오히예사도 억지로 긴 머리를 자르고 찰스 이스트먼Charles Eastman이라는 백인 이름으로 개명했다. 기독교 학교의 가혹한 폭압에도 불구하고 오히예사/이스트먼은 열심히 공부해서, 2년 후 네브래스카주 샌티까지 240킬로미터를 걸어가 더 좋은 학교의 우등생이 되었다. 머잖아 다트머스 대학교에서 이학 학사학위를 받고 1890년에 보스턴 대학교에서 의학 박사가 되었다. 아메리카 원주민이 의학 분야에서 학위를 받기는 그가 처음이었다.

그에게 처음 배당된 임무는 사우스다코타주 파인 리지 원주민 보호구역에 사는 라코타족의 '국선 의사'가 되는 것이었다. 거기서 그는 1890-1891년의 고스트 댄스 반란(the Ghost Dance rebellion, 원주민이 '혼령의 춤'으로 정부의 강제 동화 정책에 저항한 운동 — 옮긴이)을 목격했다. 나중에 그는 운디드니 학살(the massacre at Wounded Knee, 1890년 미국 군대가 보호구역을 습격하여 라코타족 원주민 3백여 명을 학살한 사건 — 옮긴이) 때 부상당한 라코타족을 치료했다.

오히예사/이스트먼은 평생 열한 권의 책을 썼다. 『인디언의 영혼』에서 그는 자신이 받아들인 기독교 신앙이 라코타족의 전통적 영성과 기본적으로 양립할 수 있다는 입장을 이렇게 피력했다. "우리는 모든 종교적 열망과 모든 진실한 예배의 출처와 목표가 하나일 수밖에 없음을 안다. 지식층의 하나님과 어린이의 하나님, 문명인의 하나님과 원시인의 하나님이 결국 동일한 하나님이라는 것도 안다. 이 하나님이 우리의 차이를 따지지 않고, 바르고 겸손하게 사는 이 땅의

모든 사람을 받아 주신다는 것도 안다."⁶

이런 관점은 당시에 큰 논란을 불러일으켰고 오히예사도 그런 현실을 익히 알았다. "선교사들은 우리를 이교도와 마귀숭배자로 낙인찍었고, 우리의 신들이 우상이라며 버릴 것을 강요했다. 심지어 자기네 신앙과 모든 상징물을 수용하지 않으면 우리가 영원히 망한다고까지 말했다."⁷

셋째 주

이 문제에 대한 나의 입장

오히예사의 시각은 당시에만 아니라 오늘날에도 큰 논란을 불러일으킨다. 일부 진영에서 보기에 그것은 과도한 혼합주의다. 그래서 감히 이 문제에 대한 나의 입장을 밝히려 한다.

예수 그리스도는 세상 모든 사람에게 비추는 참 빛이시다. 로고스이신 그분은 어디에나 계시며, 어둠의 세력이 그분을 가리거나 이기지 못한다(요 1:5-9). 메시아 예수님은 모든 민족의 모든 문화 속에서 역사해 오셨다. 그들이 그분을 알든 모르든 관계없이 말이다. 지혜로운 사도 바울은 그것을 이렇게 표현했다. "율법 없는 이방인이 본성으로 율법의 일을 행할 때에는 이 사람은 율법이 없어도 자기가 자기에게 율법이 되나니 이런 이들은…그 생각들이 서로 혹은 고발하며 혹은 변명하여 그 마음에 새긴 율법의 행위를 나타내느니라. 곧 나의 복음에 이른 바와 같이 하나님이 예수 그리스도로 말미암아 사람들의 은밀한 것을 심판하시는 그날이라"(롬 2:14-16).

그래서 우리는 모든 문화와 민족 집단에게서 예수님의 복음에 '일치하는' 요소를 찾아낸다. 그런 부분을 즐거이 성령의 징후로 받아들이고, 문화에서 예수님의 복음에 '불일치하는' 부분은 기꺼이 버린다.

물론 그러면 우리에게 예수님의 길에 일치하는 것과 불일치하는 것의 차이를 분별해야 할 막중한 책임이 생긴다. 나아가 이 분별 작업은 우리 쪽에도 똑같이 적용된다. 우리 문화에서도 예수님의 복음에 일치하는 부분만 수용하고 예수님의 복음에 불일치하는 부분은 버려야 한다.

기독교 선교 활동이 필요한 이유

모든 민족과 문화가 하나님을 어느 정도 알고 있고 유대교나 기독교의 특별 계시 없이도 그분을 기쁘시게 할 수 있다면(나는 그렇다고 믿는다), 기독교 선교 활동은 왜 필요할까? 답은 아주 간단하다. 죄에 빠져 하나님께 반항하는 사람과 그분 앞에서 망가지고 실패한 사람이 세상에 가득하기 때문이다. 여기서 다시 사도 바울의 말이 우리에게 도움이 된다. "하나님을 알되 하나님을 영화롭게도 아니하며 감사하지도 아니하고 오히려 그 생각이 허망하여지며 미련한 마음이 어두워졌나니"(롬 1:21).

그래서 선교 활동을 통해 우리는 구주이고 스승이고 주님이고 친구이신 예수님의 기쁜 소식을 모든 사람에게 아낌없이 전한다. 단 하나님을 사랑하고 이웃을 사랑하는 데 반드시 필요한 요소가 아닌 한 그들을 우리 문화로—심지어 우리의 종교 문화로도—전향시키지는 않는다.

하늘의 보배와 질그릇

하나님 나라에서 예수님과 함께 산다는 이 기쁜 소식을 전할 때는 하늘의 보배와 그것을 담는 질그릇을 구분하는 게 대단히 중요하다. 바울은 "우리가 이 보배를 질그릇에 가졌으니"라고 선포했다(고후 4:7). 그가 분명히 밝혔듯이 하늘의 보배는 "예수 그리스도의 얼굴에 있는 하나님의 영광을 아는" 것이고(고후 4:6), 질그릇은 인간의 몸도 되고 이 보배를 에워싸는 다양한 형태의 문화도 된다. 하늘의 보배는 하나인데 질그릇은 많다. 우리가 사람들에게 전해야 할 것은 질그릇이 아니라 하늘의 보배다.

질그릇의 가짓수와 다양성은 인간의 성격만큼이나 무한하다. 의식과 전통을 강조하는 교회와 그 반대의 교회, 조용한 내향성과 표현이 풍부한 외향성, 합리적 논리와 정서적 연민 등 얼마든지 많이 있다.

눈에 불을 켜고 찾는다면 이 질그릇이 저 질그릇보다 나은 점이 보일 수도 있겠지만 대단한 차이는 아닐 것이다. 어차피 모든 질그릇의 재료는 **흙**이다.

우리의 질그릇을 다른 사람들에게 강요해서는 누구도 구원할 수 없다. 각 민족 집단에게 그들만의 질그릇을 찾아내서 거기에 하늘의 보배를 담아낼 수 있게 해주어야 한다. 다른 사람들에게 우리의 질그릇을 강요하면 예수님의 말씀대로 결국 새로운 개종자를 "너희보다 배나 더 지옥 자식이 되게" 할 뿐이다(마 23:15).

우리의 유일한 임무는 우리 영혼을 사랑하셔서 죄로 병든 인간을 구원하시는 예수님의 기쁜 소식을 전하는 것이다. 그러면 성령께서 오직 그 메시지에만 기초하여 사람들을 하나님 나라로 이끄신다.

　여기까지가 내 입장이다. 물론 내가 틀렸을 수도 있으므로 누구든 관심이 있거든 이 문제에서 나를 더 깨우쳐 주기 바란다. 이제 다시 겸손으로 돌아간다.

넷째 주

비범한 겸손

오히예사는 겸손에 대해 이렇게 썼다. "우리 원주민들은 비범한 겸손에 우리의 자존심을 섞는다. 우리의 민족성과 가르침에서 영적 오만은 이질적 요소다. 우리는 논리 정연한 언변을 '말 못하는 피조물'보다 우월한 증거로 내세운 적이 없으며, 오히려 그것을 위험한 재능으로 본다."[8]

　"비범한 겸손에 우리의 자존심을" 섞다니 흥미로운 조합이다. 대개 우리는 자존심을 겸손의 적으로 생각하는데, 오히예사는 자존심을 긍정적 관점에서 말한다. 겸손한 마음과 잘 조화를 이루는 건강한 자존심이다. 한동안 이 문제로 고민해 봐야겠다.

보이지 않는 영원한 존재

기도에 대한 오히예사의 글 중에서 여기 멋진 예가 있다.

기도는 보이지 않는 영원한 존재를 날마다 인정하는 행위며 우리의 한 가지 필수 의무다.····우리는 새벽에 일어나 모카신을 신고 물가로 내려간다. 거기서 맑고 차가운 물을 한 줌 떠서 얼굴에 끼얹거나 온몸으로 물에 뛰어든다.

씻은 후에 밝아 오는 여명 앞에 똑바로 서서 지평선에 아른거리는 해를 마주한 채로 무언의 기도를 올린다. 배우자가 먼저 또는 나중에 다녀갈 수 있으나 절대로 이 의식에 동행하지는 않는다. 아침 해와 상쾌한 새 대지와 위대한 침묵을 영혼마다 홀로 맞이해야 한다.[9]

그가 힘주어 말한 고독의 경험이 흥미를 끈다. 여태 내게도 그랬다. 아마 개인 기도와 예배가 사람마다 천차만별이어서일 것이다. 이 기도가 무언이라는 점도 눈에 띄는데, 역시 개인이 극도로 존중된 결과다. 이것은 예컨대 단체로 부르도록 되어 있는 찬송가를 부르는 것과는 사뭇 다르다.

과시와 자화자찬

오히예사는 자신이 만난 많은 그리스도인의 위선을 예리하게 간파했다. "초기 기독교에는 인디언에게 와닿는 요소가 분명히 많았고, 예수님이 부자에게 그리고 부자에 대해 하신 어려운 말씀도 우리에게 전적으로 납득되었다. 그러나 우리가 교회 설교에서 듣고 교인들의 행동에서 본 종교는 과시와 자화자찬, 개종의 강권, 모든 타종교에 대한 노골적 경시 등으로 인해 처음부터 지독한 반감을 주었다."[10]

반감을 지나 혐오감을 줄 만도 하다. 보다시피 그는 그리스도인들을 만나면 그들이 내보이는 자화자찬을 즉각 감지했다. (세상에, 나는 "자화자찬"의 철자도 잘 모르겠는데 라코타어가 모국어인 오히예사는 이 단어를 아주 능숙하게 구사한다. 와!) 우리 시대의 인터넷 설교자와 텔레비전 설교자를 그가 어떻게 생각할지 궁금하다. 오늘날에는 자화자찬이 열 배는 더 심해진 것 같다!

다 선지자가 되게 하시기를 원하노라

오늘은 인간 모세를 묵상한다. 성경에 보면 "이 사람 모세는 온유함겸손함, NRSV이 지면의 모든 사람보다 더하더라"라고 되어 있다(민 12:3). 내 생각에 모세에 대한 이 묘사를 여실히 예시해 주는 일화가 민수기 11장에 나온다.

사건이 벌어진 때는 모세에게 특별히 힘든 시기였다. 이집트에서 나오기는 했으나 아직 약속의 땅에 들어가기 전이었다. 백성의 원망은 하늘을 찔렀고, 모세는 지도자의 본분을 다하느라 녹초가 되었다. 오죽하면 죽고 싶을 정도였다.

이에 주님은 모세의 짐 일부를 이스라엘 장로 70인에게 분담시키기로 약속하신다. 그래서 모세에게 지시하여 그들을 회막으로 데려오게 하신다. 그들이 모이면 그분이 모세에게 임한 "영"을 그들에게도 임하게 하여 "그들이 너와 함께 백성의 짐을 담당하고 너 혼자 담당하지 아니하"게 하신다는 것이다. 모세는 지시대로 수행한다.

70명이 모인다. 아니, 정확히는 68명이다. 70명 중 엘닷과 메닷 두 사람은 결석했다. 어쨌든 주님은 모세에게 임한 영을 정말 그들에게도 임하게 하셨고, 그러자 "영이 임하신 때에 그들이 예언"했다.

와, 틀림없이 신명 나는 집단 체험이었을 것이다!

이야기의 반전은 이제부터다. 엘닷과 메닷은 백성과 함께 진영에 머물렀으나 "그들에게도 영이 임하였으므로" 그들도 예언했다. 이 소식이 회막의 모두에게 전해지자 여호수아는 모세에게 진중에서 예언하는 엘닷과 메닷을 당장 말리라고 간청한다.

모세가 여호수아에게 보인 반응에서 모세의 마음을 엿볼 수 있다. 여기 하나님 앞에서 낮아진 마음, 지극히 겸손하게 행하는 심령이 있다. 모세는 "네가 나를 두고 시기하느냐. 여호와께서 그의 영을 그의 모든 백성에게 주사 다 선지자가 되게 하시기를 원하노라"라고 대답한다.

오, 모세의 이 반응이 오늘날 모든 지도자의 마음속과 머릿속에도 있기를 기도한다. "여호와께서 그의 영을 그의 모든 백성에게 주사 다 선지자가 되게 하시기를 원하노라." 정말 그랬으면 좋겠다.

정말 당당한 걸음걸이

이른 아침에 여우를 보았다. 뒤쪽 테라스에서 모닝커피를 마시고 있는데 그가 나타났다. 근처의 소나무 밑동 뒤에서 조용히 걸어 나왔다. 나무를 돌아 나올 때 아침 해가 그의 얼굴을 정면으로 비추었으니 망정이지 그렇지 않았으면 아예 그를 보지 못했을 것이다. 여우는 나와 눈이 마주쳐 한동안 똑바로 쳐다보다가 돌아서서 멀어져 갔다. 걸음걸이가 정말 당당했다. 햇빛을 받은 붉은색 털북숭이 꼬리가 꼭 작별의 손을 흔드는 것 같았다. 이것이 오히예사가 말한 "비범한 겸손에 우리의 자존심을 섞는" 것일까? 궁금하다.

아침 햇살 속의 여우를 만나다니, 정말 예기치 못한 순간이었고 덕분에 정말 행복했다.

11. 바람에 잎이 지는 달

◐ 10월 8일 - 11월 4일

끈기

> 지극히 존귀하며 영원히 거하시며 거룩하다
> 이름하는 이가 이와 같이 말씀하시되
> 내가 높고 거룩한 곳에 있으며
> 또한 통회하고 마음이 겸손한 자와 함께 있나니
> 이는 겸손한 자의 영을 소생시키며 통회하는 자의
> 마음을 소생시키려 함이라.
>
> **야웨(이사야 57:15)**

> 겸손한 마음과 하나님을 경외하는 마음이
> 다른 모든 덕을 능가한다.
>
> **사막의 교부, 작은 요한**

> 첫째 주

이 끈질긴 온전함

라코타족의 열째 덕목은 '찬데와사케'*Cantewasake*, 즉 '끈기'다. 이 덕목에 대한 설명은 이렇다. "인내와 참을성을 기르고 나면 끈기를 갖추는 데 필요한 힘을 얻는다. 안정된 정서와 기민함과 굳센 의지가 있으면 이 끈질긴 온전함을 갖추는 데 도움이 될 수 있다. 이것은 융통성 없는 힘이 아니라 믿음과 신뢰와 이해심이 깊은 할머니의 나직하고 부드러운 음성이다."[1]

"끈질긴 온전함"은 끈기를 생각하는 좋은 관점인 것 같다. 거기에 무엇이든 끝까지 해내라고 늘 타일러 주는 "할머니의 나직하고 부드러운 음성"까지 더해진다면 더 좋다. 이번 달에는 나도 이 끈질긴 온전함을 힘써 명심해야겠다.

시련이 인내를 낳는다는 야고보의 말이 떠오른다. "내 형제들아, 너희가 여러 가지 시험을 당하거든 온전히 기쁘게 여기라. 이는 너희 믿음의 시련이 인내를 만들어 내는 줄 너희가 앎이라. 인내를 온전히 이루라. 이는 너희로 온전하고 구비하여 조금도 부족함이 없게 하려 함이라"(약 1:2-4). 인내와 끈기는 겸손한 마음으로 이어진다.

겸손과 끈기가 서로 어떻게 보완이 되는지 생각해 보고 싶다. 앞으로 며칠 동안 이것을 품고 살면서 결과를 지켜봐야겠다.

마음의 순종을 낳는 것

아침에 일어나 보니 첫눈이 내린다. 적설량이 10센티미터도 안 되지만 내 서재 창밖의 숲을 하얗게 덮기에 충분하다. 경이감에 젖는다! 아직 날씨가 푹해서 금방 녹겠지만 그래도 한없이 아름답다.

오늘 불은 피우지 않는다. 여름 동안 벽난로 앞에 쌓인 책과 문서가 큰 더미를 이루었기 때문이다. 한동안 흔들의자에 앉아 사뿐히 내려앉는 눈을 구경하다가 크리스마스 음악 CD를 틀어 놓고 책과 문서를 벽난로에서 멀리 치운다. 이렇게 준비해 두면 다음번에는 이글거리는 불꽃을 볼 수 있으리라.

계속 치우다가 토머스 켈리의 유명한 책 『거룩한 순종』에서 이 말을 만난다. "겸손과 거룩함은 신기하게도 마음의 순종을 낳는 쌍둥이다."[2] 겸손한 마음과 순결한 삶이 협력하여, 하나님께 순종하게 해준다는 말일까? 그렇다고 본다. 이것을 실천할 방도를 찾아내서 무엇을 배우게 될지 봐야겠다.

겸손의 질감과 촉감

아침에 근처 계곡을 걸으니 더없이 상쾌하다. 하룻밤 사이에 풍경이 진한 갈색으로 바뀌었고, 모든 식물은 곧 닥쳐올 겨울철에 대비하고 있다. 그래도 오늘은 햇빛의 온기가 느껴진다. 용케 해를 피해 숨은 작은 눈밭들이 등산로를 따라 쭉 보인다.

나 말고는 걷는 사람이 아무도 없다. 며칠 전에 내린 눈 때문인 것 같다. 덕분에 완전한 정적 속을 걷는다. 나무에서 분홍빛 되새들이 지저귀는 소리와 저 밑의 시냇물이 돌돌거리는 소리뿐이다. 고요하니까 내 마음도 차분히 가라앉는다. 식물과 돌의 '갈색'은 나를 땅으로 끌어내린다. 내 경우 흙을 가까이하면 마음이 겸허해지는 것 같다. 겸손과 흙의 어원이 같아서일까. 말없이 조용히 걷는다. 노새사슴과 검은 다람쥐 외에는 내가 여기에 있는 줄을 아무도 모르는데, 이 동물들은 전혀 신경 쓰지 않는 것 같다.

이런 시간은 **겸손**이라는 단어에 질감과 촉감을 더해 준다.

(둘째 주)

삶의 작은 구석들

오늘 새벽 삶의 '작은 구석들'에서 겸손을 배우라는 성령의 감화가 느껴진다. 주님, 이런 작은 구석에서 겸손한 마음을 표현할 길을 보여 주소서.

오늘의 첫 일정은 캐롤린을 병원에 데려다주는 것이다. 도착해서 나는 기다리고 기다리고 또 기다린다. 이런 기다림이 드문 일은 아니지만, 이 또한 오늘 내가 겸손을 배울 길이 아닐까. 그냥 궁금해진다.

끝난 후 시간을 보니 내가 독감 예방 주사를 맞아도 될 것 같다. 그래서 우리는 나의 지정 약국으로 간다. 그런데 접수대의 여성이 컴퓨터를 잘 다루지 못한다. 또 기다린다. 그녀의 좌절이 내게도 느껴져서, 컴퓨터의 미로에서 길을 찾게 해달라고 그녀를 위해 기도한다. 하지만 오늘은 결과가 좋지 못하다. 결국 그녀는 포기하면서 내게 다른 날 다시 오라고 말한다. 어쩌겠는가.

혹시 캐롤린의 단골 약국에서는 잘될까 싶어 그리로 가 본다. 여기는 더 낫다. 컴퓨터를 다루는 데 문제가 없다. 그런데 다른 일이 워낙 많아 직원이 눈코 뜰 새 없이 바쁘다. 기다리고 기다리고 또 기다린다. 이왕이면 '참고 기다리는' 법을 익혀 내 영혼에 겸손을 들여놓자고 다짐해 본다. 불안이나 분노에 차서 기다리면 영혼이 겸손해지기는 요원하다. 그래서 '참고 기다리는' 쪽으로 힘쓴다. 약사가 20분이면 된다고 했는데 20분이 30분이 되고 다시 40분으로 길어진다. 더 걸렸을 수도 있다. 시계를 보지 않기로 한다.

마침내 기다린 보람이 있어 내 예방 접종이 완료된다. 약사가 잘 챙겨 준 덕분이다. 늦지 않게 모두 끝나서 캐롤린은 집에 돌아가 다시 오후의 약속 시간에 맞출 수 있다. 여기까지는 좋다.

이제 자유 시간이라 커뮤니티 센터에 가서 오늘 몫의 운동을 하기로 한다. 잘 준비해서 집을 나선다. 그런데 지금이 금요일 늦은 오후라서 16킬로미터 떨어진 고속도로가 대공사로 정체되는 바람에 차량이 시골길로 우회된다는 사실을 깜빡 잊었다. 시골길까지는 8킬로미터인데 거기로 가 보니 작은 교차로의 하나뿐인 신호등 뒤로 차가 몇 킬로미터나 밀려 있다. 긴 차량 행렬을 보노라니 하루치의 '기다림을 통한 겸손'은 충분히 배웠다는 생각이 든다. 그래서 차를 돌려 집에 와서 아래층의 러닝머신에서 운동한다. 오늘의 경험을 통해 배우고 낮아져서 기쁘다.

영혼의 불을 지키다

이틀 동안 내린 30센티미터가량의 멋진 눈이 우리 집을 겨울 왕국으로 바꾸어 놓았다. 집 앞 진입로를 세 번이나 치워야 한다. 그 일만 끝나면 고요한 숲을 즐길 수 있다. 눈 내린 후의 숲은 언제나 유난히 적요하다.

무엇보다도 아래층 서재에 고른 불을 잘 피울 준비가 되어 있다. 장작과 불꽃은 궁합이 잘 맞는다. 늦은 오후에 내 여덟 살 시절을 회상한다. 그때 우리는 로키산맥 깊은 숲속의 삼촌네 오두막집에서 겨울을 났는데, 포근한 벽난로 앞이 내 잠자리였다. 밤새도록 벽난로가 유일한 열원이라서 불을 꺼뜨려서는 안 됐고, 어느새 내가 밤새 불을 지키는 사람이 되었다. 오늘 밤 새삼 내 영혼의 불을 늘 지켜야 한다는 생각이 든다.

참 목자의 음성

오늘은 오래전의 퀘이커교도 존 울먼(John Woolman, 노예해방을 위해 노력한 18세기의 퀘이커교 순회 설교자—옮긴이)의 유명한 일기로 다시 돌아간다. 물질주의를 다룬 부분에서 그와 재물이라는 난제의 관계를 생각해 본다. 그는 검소한 삶을 논하던 중에 이렇게 겸손을 언급한다. "내가 보니 겸손한 사람은 주님의 복을 받아 적은 소유로도 살아갈 수 있다. 반면에 높아지려는 사람은 사업이 성공해도 욕심에 차지 않아 대개 재물이 늘수록 물욕도 더 커졌다. 그래서 내 마음의 소원은 시간을 잘 보내서 무엇에도 방해받지 않고 한결같이 참 목자의 음성에 귀를 기울이는 것이다."[3]

울먼에게 가장 중요한 것은 "한결같이 참 목자의 음성에 귀를 기울이는 것"이었다. 나도 점점 더 그렇게 되었으면 좋겠다. 그러려면 그것을 받을 준비가 되어 있어야 한다.

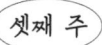 셋째 주

현명한 사도 바울

현명한 사도 바울의 저작과 특히 겸손에 대한 말에 심취하고 있다. 읽어 보면 겸손한 마음에 대한 관심이 북소리처럼 끊이지 않는다.

- "존경하기를 서로 먼저 하며"(롬 12:10).
- "높은 데 마음을 두지 말고 도리어 낮은 데 처하며"(롬 12:16).
- "형제들아, 너희가 자유를 위하여 부르심을 입었으나 그러나 그 자유로 육체의 기회를 삼지 말고 오직 사랑으로 서로 종노릇하라"(갈 5:13).
- "너희가 부르심을 받은 일에 합당하게 행하여 모든 겸손과 온유로 하고 오래 참음으로 사랑 가운데서 서로 용납하고"(엡 4:1-2).
- "그리스도를 경외함으로 피차 복종하라"(엡 5:21).
- "아무 일에든지 다툼이나 허영으로 하지 말고 오직 겸손한 마음으로 각각 자기보다 남을 낫게 여기고"(빌 2:3).
- "너희 안에 이 마음을 품으라, 곧 그리스도 예수의 마음이니 그는… 자기를 낮추시고 죽기까지 복종하셨으니 곧 십자가에 죽으심이라"(빌 2:5-8).
- "긍휼과 자비와 겸손과 온유와 오래 참음을 옷 입고"(골 3:12).

화룡점정으로 고린도전서 13장에는 '아가페' 사랑에 대한 바울의 명문이 나온다. 보다시피 '아가페' 사랑 속에 겸손이 필수 요소로 숨어 있다. "사랑은 오래 참고 사랑은 온유하며 시기하지 아니하며 사랑은 자랑하지 아니하며 교만하지 아니하며 무례히 행하지 아니하며 자기의 유익을 구하지 아니하며 성내지 아니하며 악한 것을 생각하지 아니하며 불의를 기뻐하지 아니하며 진리와 함께 기뻐하고 모든 것을 참으며 모든 것을 믿으며 모든 것을 바라며 모든 것을 견디느니라"(4-7절).

어떻게 바울은 겸손한 마음을 이토록 영혼 깊숙이 배웠을까? 스데반의 죽음을 서서 지켜볼 때 겸손의 모본을 보았을까? 그가 박해한 예수님의 많은 제자는 분명히 그에게 겸손히 섬기는 삶을 보여 주었다. 그보다 나는 바울이 부활하신 그리스도를 극적으로 만나고(나귀에서 떨어지고 한동안 시력을 잃을 정도로 강렬했다) 또 "형제 사울아"라고 부르는 아나니아 곁에서 회심을 경험할 때 겸손의 기본을 배웠다고 본다. 더 중요한 것은 그가 아라비아 사막에서 보낸 3년 세월이다. 거기서 그는 하나님이신 스승 예수님께 줄곧 직접 배웠을 것이다. 겸손한 삶이 마음의 골방에서 어떤 모습인지를 바울이 잘 배운 것만은 분명하다. 나도 겸손한 마음의 지고한 가치를 배웠으면 좋겠다.

넷째 주

가장 대범한 에큐메니컬 정신

앤드루 머리는 19세기 스코틀랜드의 설교자이자 목사로서 사역 기간의 사실상 전체를 남아프리카공화국에서 보냈다. 그가 오늘의 우리에게까지 알려진 것은 기독교 경건 서적을 많이 저술한 덕분이다. 가장 유명한 책은 아마 『그리스도의 기도학교』With Christ in the School of Prayer, CH북스일 것이다. 내 경건 생활의 초기 훈련은 다분히 앤드루 머리의 저작에 힘입었다.

여기서 머리를 따로 언급하는 이유는 『겸손』이라는 소박한 제목의 얇은 저서 때문이다(100쪽이 조금 넘는다). 사실 제목이 어찌나 수수한지 더 근래에 나온 판본들은 "참된 위대함", "거룩함의 아름다움", "거룩함을 향한 여정" 같은 부제로 약간 장식되어 있다. 머리가 7장을 겸손과 거룩함의 관계에 할애했으니 그런 부제도 엉뚱한 것은 아니다. 여기서 거룩함이란 특히 당시의 케직 성결 운동(the Keswick holiness movement, 19세기 말 영국 케직에서 시작된 개혁주의 부흥 운동—옮긴이)을 말하며, 이를 고상한 생활 운동이라 칭하기도 했다. 그래도 그 책의 구심점은 겸손이라는 기독교 덕목이다.

이 작은 책은 여러모로 참 귀한데, 그중 놓치기 쉬운 머리의 강조점 하나는 그가 천주교 영성 작가들의 말을 서슴없이 많은 장의 서두 인용문epigraph으로 썼다는 것이다. 그는 화란 개혁교회에서 안수를 받았는데, 19세기에 그 교단은 좋게 표현해서 천주교에 대해 딱히 우호적이지 않았다. 게다가 머리의 어머니는 천주교의 극심한 박해로 인해 거의 소멸되다시피 한 프랑스 위그노(프랑스의 개신교도를 지칭하는 말—옮긴이)의 후손이었다. 그런데도 이 작은 책에서 앤드루 머리는 폭넓은 출처의 글을 인용하여 가장 대범한 에큐메니컬 정신을 보여 준다.

11. 바람에 잎이 지는 달—끈기

- "겸손의 모본을 찾으려거든 십자가를 보라"(토마스 아퀴나스).
- "겸손한 사람일수록 더 하나님께 순종하고 매사에 지혜로워지며 영혼에 평화가 깃든다"(토마스 아 켐피스).
- "몰락했을 때의 겸손이야 대수로울 게 없지만 칭송받을 때의 겸손은 크고 드문 성취다"(클레르보의 베르나르).
- "신앙에서 으뜸가는 것이 무엇이냐고 묻는다면 나는 첫째도 둘째도 셋째도 겸손이라 답하겠다"(히포의 아우구스티누스).[4]

아름답다. 다 내가 좋아하는 말이고, 이런 말을 인용하는 머리는 더 좋다.

모든 덕의 뿌리

다음은 앤드루 머리 자신의 말이다. "겸손은 덕이 뿌리내릴 유일한 토양이다. 모든 결함과 실패의 원인은 우리가 겸손하지 못한 데 있다. 겸손은 많은 덕 중의 하나라기보다 모든 덕의 뿌리다."[5]

이런 말도 있다. "교회가 여태 겸손의 소명을 소홀히 한 까닭은 겸손의 참된 본질과 중요성을 너무도 모르기 때문이다."

이어 머리는 자신도 겸손하지 못해 겸손을 배우는 중이라고 고백한다. "온유하고 낮은 마음이 주님의 남다른 특징이었듯이 그분의 제자도 그러해야 하건만, 나는 주님을 안 지 오래되었는데도 그것을 몰랐다."[6]

끝으로 머리는 교만을 우리 문제의 핵심으로 보고 이렇게 교만을 논한다.

처음부터…인정하자. 교만만큼 인간에게 자연스럽고, 교활하여 눈에 보이지 않으며, 끈질기고도 위험한 것은 없다. 또 인정하자. 우리가 얼마나 겸손하지 못한지를 알려면 초지일관 하나님을 바라보는 수밖에 없다. 그래야만 우리가 무엇 하나도 뜻대로 손에 넣지 못하는 무력한 존재임을 깨달을 수 있다. 낮아지신 그리스도를 사랑하고 우러르는 마음이 우리 영혼에 충만해질 때까지 그분의 성품을 공부해야 한다.[7]

교만의 발원지는 사탄이다

머리는 교만을 겸손의 큰 적으로 보고, 교만의 발원지가 사탄임을 거듭 강조한다. "사탄이 인류 안에 불어넣은 교만"을 말하는 의미심장한 대목도 있다.[8]

8장("겸손과 죄") 서두 인용문에 포함된 조너선 에드워즈Jonathan Edwards의 이 말은 내가 처음 읽어 보는 것이다. "겸손만큼 사람을 마귀의 영향권에서 벗어나게 하는 것은 없다."[9]

교만이 사탄에게서 기원했다는 주제는 『겸손』 전체에 산재한다. 오늘날 우리라면 이 주제에 그렇게 접근하지 않겠지만, 바로 그래서 이 책은 비상한 힘을 발휘한다. 거기에 강조되어 있듯이 나는 우리 영혼의 원수가 교만을 주무기로 쓴다는 사실을 인식해야 하며, 그래서 더욱더 겸손한 마음을 길러야 한다.

모든 은혜 중의 최고

머리는 당시의 교회가 이 부분에서 실패했음을 절감했다. "교회는 사람들에게 겸손의 중요성을—겸손이 모든 덕 가운데 으뜸이요 성령의 모든 은혜와 능력 중의 최고임을—가르치지 못한 것 같다."

19세기의 교회가 정확히 머리의 말 그대로였다면 오늘의 우리는 얼마나 더 그렇겠는가? 오늘의 문화는 겸손한 마음을 거의 장려하지 않는다. 목사들은 설교에서 이 주제를 다루기를 몹시 힘들어하고, 일반 그리스도인에게는 수수하고 겸손한 삶의 살아 있는 모본이 너무도 적다.

오 주님, 부족한 우리를 용서하소서. 앞으로 나아갈 바른 길을 가르쳐 주소서.

모든 종류와 형태와 수위의 교만

그 얇은 책을 머리는 겸손의 기도 실험으로 맺는다.

여기 모든 사람의 진상을 시험해 줄 확실한 시금석을 제시한다. 한 달 동안 세상에서 물러나 모든 대화를 중단해 보라. 글도 쓰지 말고 책도 읽지 말고 속으로 아무런 고민도 하지 말라. 마음과 생각의 기존 활동을 일절 멈추고 혼신을 다해 최대한 계속 하나님께 다음과 같이 기도하라. 자주 무릎 꿇고 아뢰고, 앉으나 서나 걸을 때도 늘 속으로 이 한 가지를 사모하며 하나님께 간구하라. "하나님이 얼마나 선하신 분인지를 제게 가르쳐 주시고, 제 마음에서 모든 종류와 형태와 수위의 교만을 제하여 주소서.···제 안에 겸손의 심오한 깊이와 진리를 깨우쳐 주셔서, 저를 주님의 빛과 성령에 합당한 사람이 되게 하소서."[10]

머리가 말한 한 달 기간을 내가 버틸 수 있을지 모르겠지만, 이 겸손의 기도가 내게도 해당하는 것만은 분명하다. 오 주님, 제 마음에서 모든 종류와 형태와 수위의 교만을 제하여 주소서. 모든 자비의 하나님, 제 안에 겸손의 심오한 깊이와 진리를 깨우쳐 주셔서 주님의 빛과 성령에 합당한 제가 되게 하소서. 아멘.

12. 사슴이 발정하는 달

● 11월 5일 – 12월 3일

아랑

일렀으되 "하나님이 교만한 자를 물리치시고
겸손한 자에게 은혜를 주신다" 하였느니라.
그런즉 너희는 하나님께 복종할지어다.
마귀를 대적하라. 그리하면 너희를 피하리라.
하나님을 가까이하라. 그리하면 너희를 가까이하시리라.
죄인들아, 손을 깨끗이 하라. 두 마음을 품은 자들아,
마음을 성결하게 하라.····주 앞에서 낮추라.
그리하면 주께서 너희를 높이시리라.

야고보서 4:6-10

자비로운 사랑은 겸손한 이들 가운데 있다.
겸손은 정의가 머무는 곳이다.

페르시아의 현자 아프라핫
Aphrahat the Persian Sage

> 첫째 주

시대를 초월하는 덕

라코타족의 열한째 덕목은 '찬데유케'^{Canteyuke}, 즉 '아량'이다. 설명은 이렇다. "이 라코타어 단어는 '마음을 가지다'로 직역된다. 이 덕은 시대를 초월하여 마음속에 산다. 라코타족 사회에서 참된 아량은 늘 장려되고 예시되는 반면 재물의 축적은 극구 만류된다. 대지가 모든 것을 베풀듯이 우리도 그래야 한다. 참된 아량은 삶이 덧없음을 알고 사랑을 구현한다."[1]

"마음을 가지다"라는 아량의 뜻이 참 좋다. 내게도 그것이 절실히 필요하다. 소외된 사람을 향한 마음, 외로운 사람을 향한 마음, 가난한 사람을 향한 마음, 유복한 사람을 향한 마음이 내게 얼마나 필요한가. 주님, 세 마음을 이웃을 향해 넓혀 주소서. 이웃^{neigh-bor}이란 내 가까이에 있는 사람이다.

겸손의 행복

오후에 브라이언의 메시지를 받는다. 그는 나의 겸손 프로젝트를 알고 있고, 내가 존 울먼을 깊이 존경한다는 사실도 안다. "울먼에 대한 당신의 이야기를 읽고 그의 일기에 다시 빠져들었습니다. 얼마나 훌륭한 인물인지요. 오늘 아침에는 이런 대목을 읽었습니다. '그러나 예수 그리스도의 계시를 통해 나는 겸손의 행복을 보았다. 그 속으로 깊이 들어가고 싶은 열망이 내 안에 간절하며, 어떤 때는 이 열망이 뜨거운 간구로 부풀어 오른다. 내 영혼이 온전히 하늘의 빛과 위로에 에워싸여, 여태 힘들기만 하던 일들도 내게 자연스러워졌으면 좋겠다."[2]

울먼의 일기라면 나도 샅샅이 꿰고 있는 줄로 알았는데 이 대목은 전혀 새롭게 다가온다. 나도 "겸손의 행복"을 더 온전히 경험하고 싶다. 내 영혼도 "하늘의 빛에 에워싸여" 있으면 좋겠다.

원주민 권력의 새 역사

나의 이 일기는 라코타족이 블랙 힐스에서 경험한 삶과 그 지역을 되찾으려는 그들의 노력에 편중되어 있다. 물론 그들의 이야기는 이보다 훨씬 방대하며, 그 더 큰 이야기를 배울 수 있는 탁월한 자료로 페카 해멀라이넨의 두꺼운 책 『라코타족의 아메리카』를 꼽을 수 있다.

"16세기부터 21세기까지의 밝혀지지 않은 라코타족 이야기"를 복원하려 한 해멀라이넨의 책에는 "북미 내륙의 이야기도 함께 복원되는데, 여기서 내륙이란 동서로는 5대호로부터 로키산맥에까지, 남북으로는 미국 남부로부터 캐나다 순상지에까지 뻗어 나간 광활한 땅덩어리를 말한다."[3]

17세기 중반까지만 해도 라코타족은 주로 5대호 연안을 중심으로 사냥과 수렵에 의존하던 무명 부족이었다. 철제 병장기나 정치적 영향력이 없던 그들이 점차 이루어 낸 일을 해멀라이넨은 이렇게 묘사했다.

> 아메리카 역사상 가장 있을 법하지 않은 영토 확장이었다. 라코타족은 아주 오래된 고토를 떠나, 지평선까지 무한히 뻗어 나간 듯한

대륙의 초원에서 기마 민족으로 변신했다. 바로 거기서 내가 말하는 라코타족의 아메리카가 생성된다. 끊임없이 변화하며 팽창한 이 원주민 정권은 수많은 집단을 자기네 궤도 속으로 빨아들였다.…한 세기가 더 지나자 그들은 남북미를 통틀어 최강 권력의 원주민 국가가 되어, 대평원 북부와 로키산맥과 캐나다를 두루 아우르는 광대한 영토를 관할했다.⁴

내가 보기에 라코타족은 얼마든지 권력을 휘둘러 자신의 문화와 땅을 수호할 권리가 있었지만, 다른 민족 집단들을 힘으로 지배하거나 통제하지 않았다. 다른 문화들의 자원을 빼앗아 자기네 것이라 우기기보다는 오히려 내공을 쌓는 데 통달했던 것 같다. 당연히 우리 시대에 꼭 필요한 역사의 교훈이다.

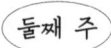

커피 시간의 기도

겸손의 작은 실험에 들어선 첫 달(땅이 굳어지는 달) 중간에, 1년 내내 나를 붙들어 줄 기도 문구가 있었으면 해서 하나님의 인도를 구했다. 며칠 후 모습을 드러낸 기도는 네 부분으로 된 단순한 간구였다.

  주 예수님, 구하오니
  제 마음을 **정결하게 하시고**,

제 생각을 **새롭게 하시고,**
제 상상을 **거룩하게 하시고,**
제 영혼을 **넓혀 주소서.**
아멘.

모닝커피를 마실 때 자주 그렇게 기도한다. 성령의 감화에 이끌려 마음과 생각과 상상과 영혼 중 어느 한 부분에 오래 머물 때도 있다. 그분이 뭔가를 가르쳐 주시거나 인도하실 때도 있고, 내 쪽에서 자백할 때도 있다. 무엇보다도, 잔잔하고 친밀한 우정이 있다. 내가 구하는 정결함과는 거리가 멀게 마음이 방황하는 것 같을 때도 나는 계속 그렇게 기도하기를 힘쓴다. 어떤 때는 이 작은 기도가 온종일 나를 따라다닌다. **정결하게 하시고, 새롭게 하시고, 거룩하게 하시고, 넓혀 주소서.**

이 단순한 기도를 실험한 지 어언 음력으로 열두 달(양력으로는 11개월)째다. 한 가지 눈에 띄는 변화는 내 갈망의 부드러운 전환이다. 어떤 갈망은 조용히 떨어져 나가고 어떤 갈망은 솟아오른다. 예컨대 생명을 살리는 프레더릭 파버Frederick W. Faber의 이 가사에 더 깊이 끌려 들어, 아주 서서히 그것이 내 경험이 된다.

하나님을 생각만 해도
이 얼마나 즐거운가!
생각하며 그 이름 부르니
이 땅에 더한 복 없네.[5]

물론 내가 배워야 할 게 훨씬 더 많을 것이다. 그러나 갈망의 조용한 전환이 이미 감지되는 것만으로도 하나님께 감사드린다. 차근차근 해 나가면 된다!

불쌍히 여기며 겸손하며

오후에 겸손과 은혜의 관계를 묵상한다. "하나님이 교만한 자를 물리치시고 겸손한 자에게 은혜를 주신다" 하신 야고보서 4:6 말씀이 생각난다. 베드로전서 5:5에도 같은 말씀이 반복된다. "하나님은 교만한 자를 대적하시되 겸손한 자들에게는 은혜를 주시느니라."

베드로후서 3:18에는 "우리 주 곧 구주 예수 그리스도의 은혜와 그를 아는 지식에서 자라 가라"라는 권면이 나온다. 은혜에서 **자라가는** 게 가능하다는 뜻이다. 또 베드로전서 3:8은 우리에게 "마음을 같이하여 동정하며 형제를 사랑하며 불쌍히 여기며 겸손하며"라고 가르친다.

그러므로 이렇게 말해도 무방하다. 겸손은 하나님의 은혜를 받을 문을 열어 주며, 마음과 생각을 겸손하게 가꿀수록 우리에게 은혜가 풍성해진다. 은혜 위에 은혜다.

오 주님, 제 안에 둥지를 틀려 하는 오만과 교만을 뿌리 뽑아 주소서. 반대로 마음속 깊은 데로부터 "불쌍히 여기며 겸손하"게 하소서. 아멘.

완전히 하나님을 대적하는 마음 상태

교만이 겸손의 철천지원수라는 것을 여태 나는 충분히 깊이 생각하지 못했다. C. S. 루이스는 "가장 큰 죄"라는 유명한 장에 이렇게 썼다. "이 극한의 본질적 악은 바로 교만이다. 이에 비하면 음행과 분노와 탐욕과 술 취함 등은 다 새 발의 피다. 마귀도 교만 때문에 마귀가 되었다. 교만은 다른 모든 악의 근원이며, 완전히 하나님을 대적하는 마음 상태다."6

오 주님, 교만이 얼마나 무섭고 끔찍한지를 가르쳐 주소서. 이 실재가 제 의식 속에 깊이 새겨지게 하소서. 교만의 존재 자체에 본능적으로 반발하며 제 심령이 교만을 피하게 하소서. 교만의 낌새조차 안에 머물 수 없도록 제 마음을 속속들이 정결하게 하소서. 예수님의 능하신 이름으로 기도합니다. 아멘.

몰래 파고드는 교만

오늘 아침 네이트와 함께 계곡 뒤쪽의 올드 홈스테드 순환로를 걸었다. 보통 1시간 반쯤 걸리는 길인데 요즘 내 기록은 두 시간 쪽에 가까워진다. 평소에 시계 방향으로 걷던 순환로를 오늘은 반대 방향으로 걷기로 했는데, 그러면 더 정신을 바짝 차려야 샛길로 벗어나지 않을 수 있다.

30분쯤 가다가 빽빽한 관목 사이에서 땅을 파헤쳐 쪼는 큰 무리의 야생 칠면조를 만났다. 한동안 지켜보며 세어 보니 스물아홉이나 서른 마리쯤 되었다. 우리에게 눈길 한번 주지 않고 계속 먹이를 찾아 뒤적였다. 10분쯤 더 가니 또 한 떼가 나타났다. 숫자가 비슷해 보였는데 잘 세지지 않았다. 여태 한 곳에서 본 야생 칠면조로서는 이 두 떼가 단연 가장 많은 수였다. 대단하다!

계속 걸었다. 몇 번 갈림길이 나올 때마다 아들은 내 고갯짓을 보고 왼쪽 아니면 오른쪽으로 방향을 잡았다. 그도 이 길을 걸어 보기는 했으나 역방향으로는 처음이었다. 반면에 나는 하도 많이 걸어서 눈을 감고도 갈 수 있을 것 같았다. 그렇게 생각하니 은근히 기분이 좋아졌다. 계속 그러다가 거의 끝에 다 와서 마지막 갈림길을 만났을 때, 무심코 "오른쪽"이라고 말했다가 스무 걸음도 못 가서 길을 잘못 들었음을 깨달았다. 마음이 낮아지고 아주 뜨끔해져서 순환로로 되돌아왔다.

놀랍게도 교만은 소리도 없이 순식간에 몰래 파고든다.

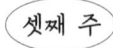

부당한 영광을 즐기는 것

겸손을 생각하는 데 도움이 될 새로운 자료를 이제 막 우연히 만났다. 캐서린 라이트 Catherine J. Wright 의 책 『예수님의 영적 실천』 *Spiritual Practices of Jesus* 이다. 지금은 인터넷에 공개된 만큼만 읽고 있고 아직 책은 읽기 전이다. 그녀는 겸손에 석 장을 할애했다. (1) 복음서에 나타난 겸손, (2) 1세기의 눈으로 본 겸손, (3) 교회와 함께 배우는 겸손 등이다.

어서 책 전체를 받고 싶지만, 일단 접할 수 있는 부분에서 겸손에 대한 좋은 말을 만났다. "겸손은 자신에 대한 정확한 평가에서 비롯하며, 잘난 척하는 교만을 거부한다. 교만은 지위를 얻거나 유지하려는 욕심, 부당한 영광을 즐기는 것, 자화자찬 등으로 나타난다."[7]

"부당한 영광을 즐기는 것"이라는 문구가 특히 마음에 걸린다. 요즘 내 모습이 그렇기 때문이다. 사람들이 내게 아주 좋은 말을 해 주는데, 그중 더러는 정확하지만 더러는 심한 과장이다. 그런데 나는 그들이 선의로 건네는 "부당한" 찬사를 듣고 짜릿해할 때가 있다. 주님, "정확한" 것과 "부당한" 것을 구별하여 후자는 그냥 흘려보내는 법을 제게 가르쳐 주소서. 아멘.

기억하며 감사한다

오늘은 미국의 추수감사절이다. 이 명절 하나만은 정말 쉴 만하지만, 단 인디언과 청교도에 대한 신화적 미화는 빼야 한다. 그래서 오늘 나는 로렌스('거너')와 헬렌 페인 부부의 삶을 기억하며 감사한다. 지난 세월 그들과의 인연이 아주 깊었는데, 첫 조우는 내가 아직 그들을 만나기도 전에 이루어졌다. 우리 여남은 명이 모여 여름 단기 선교를 계획한 장소가 레이크 애로우헤드에 있는 거너와 헬렌의 산장이었던 것이다. 아직은 막연했던 그 꿈은 알래스카주 코체부에 가서 북극권 최초의 고등학교를 짓는다는 것이었다. 페인의 오두막집에 모여 있노라니 로키산맥의 오두막집에서 겨울을 지내던 내 어린 시절이 떠올랐다. 그 계획이 실제로 성사되어 우리는 이누피아크 에스키모족 사이에서 살면서 일하는 일생일대의 시간을 보냈다.

거너와 헬렌은 캘리포니아주 퀘이커교도들 사이에서 거의 전설적인 부부였다. 물론 사랑과 겸손한 섬김 때문이었지만, 그들의 가정에 닥친 참극 때문이기도 했다. 그들의 딸 루비 앤은 십 대 때 옆집 농부의 세 아이를 봐 주러 갔다. 그런데 농장 잡역부 윌리엄 럽이 예고도 없이 뒷문에 나타났다. 그는 세 아이를 심부름 보내고는 그들이 없는 사이에 루비 앤을 강간하고 잔인하게 살해한 뒤 근처 산으로 달아났다.

그 사실이 알려지자 일단의 동네 남자들이 모여 럽을 추격했다. 그들은 격분해서 복수하려 했다. 끔찍했던 그날 거너의 한 친한 친구가 이런 놀라운 말을 했다. 윌리엄 럽에게 그날 밤 가장 안전한 곳은 요바 린다의 산속이 아니라 루비 앤의 부모인 거너와 헬렌 페인의 집이었을 거라고 말이다.

윌리엄 럽은 체포되어 1급 살인죄로 가스실 사형을 선고받았다. 형이 집행되기까지 6년간 거너는 꾸준히 면회를 다니면서, 전혀 받을 자격 없는 용서를 그에게 거저 베풀었다. 거너가 하나님의 때에 하나님의 방식으로 이끌어 주어서 럽은 예수님과 관계를 맺고 구원받기에 이르렀다.

내가 거너를 만난 것은 그와 헬렌의 아들 프레스턴과의 따뜻한 우정을 통해서였다(안타깝게도 이 가정이 겪은 비극은 거기서 끝나지 않고, 프레스턴도 젊었을 때 비참한 교통사고를 당해 언어 능력과 거동 능력이 영구 제한되었다). 내게 프랑수아 페늘롱 François Fénelon 저작의 진가를 가르쳐 준 사람이 바로 직업은 노무자인 데다 아버지로서 그토록 많은 고난을 겪은 거너였다. 만날 때마다 그는 "리처드, 페늘롱의 『그리스도인의 완전』Christian Perfection, 브니엘을 읽어 보았는가?"라고 열성적으로 묻곤 했다. 굳이 말하자면 나는 시도는 했으나 늘 속독하려 했고, 페늘롱의 글이 빠르게 읽힐 리가 없으므로 매번 그만두었다. 그래도 거너는 나를 포기하지 않고 그 책을 다시 읽어 볼 것을 거듭 권했다. 그가 엄청난 인내심을 품고 가르쳐 준 덕분에 결국 나도 아주 천천히 마음으로 읽을 수 있게 되었다. 이 교훈을 전수해 준 거너 페인에게 늘 감사한다.

이렇게 오늘 나는 거너와 헬렌 페인 부부의 사랑과 겸손한 삶을 기억한다.

순수하게 사랑할수록

거너를 회고하는 김에 모닝커피 시간에 페늘롱의 『그리스도인의 완전』을 펼친다. 날마다 겸손에 집중하고 있다 보니 이 말이 내게 튀어나온다. "모든 성인聖人이 확신했듯이 진실한 겸손은 모든 덕의 기초다. 겸손이 순수한 사랑의 딸이며, 또 겸손이야말로 곧 진리기 때문이다.…예수 그리스도는 우리 마음이 온유하고 겸손해야 한다고 말씀하셨다. 교만이 분노를 낳듯이 겸손은 온유를 낳는다. 예수 그리스도만이 참으로 겸손한 마음을 주실 수 있다. 겸손이 그분에게서 나오기 때문이다.…겸손한 사람은 사리사욕을 좇는 게 아니라 현세와 영원을 막론하고 오직 하나님의 유익을 구한다. 순수하게 사랑할수록 우리는 더욱 온전히 겸손해진다."[8]

페늘롱의 가르침은 내게 얼마나 귀한 것인가. 충분히 속도를 늦추고 참을성 있게 배우기만 한다면 말이다.

피폐와 절망

오늘은 기독교 달력에서 대림절이 시작되는 날이다. 한 달쯤 지속되는 이 절기는 찰스 웨슬리Charles Wesley의 놀라운 대림절 찬송가의 한 소절처럼 베들레헴에 "임금으로 오시"는 아기를 고대하며 기다리는 기간이다(우리말 찬송가 105장 2절―옮긴이).

그러나 나는 대림절을 맞을 준비가 되어 있지 못하다. 아직은 아니다. 한 달 후인 정확히 12월 29일에 내 생각이 고정되어 있어서다. 올해는 1890년 12월 29일 운디드니에서 라코타족 남녀노소가 처참하게 학살당한 지 130주년 되는 해다.

블랙 엘크가 "운디드니 도살"이라 표현한 그 사건의 배경을 대략 살펴보면 이렇다. 1887년에 국회는 도스 단독토지보유법(보호구역을 백인 방식으로 원주민 개개인에게 분배하도록 규정한 법률―옮긴이)과 수족族 협정을 각각 승인하여 광활한 수족 보호구역을 더 관리하기 좋게 소단위로 분할했다. 그 결과 광활한 수족 보호구역은 통제하기 좋은 규모의 다섯 구역으로 쪼개져 서로 고립되었고, 나머지 땅(본래 보호구역의 실반)은 백인 정착민에게 양도되었다.

때마침 1889-1990년의 혹한으로 라코타족은 집집마다 막대한 흉작 피해를 입었다. 거기에 백일해와 독감까지 발병하여 부족민 사이에 들불처럼 퍼지는 바람에 특히 많은 아이가 목숨을 잃었다.

이 모든 피폐와 절망의 와중에 파이우트족에서 워보카라는 '성인聖人이자 예언자'가 출현했다. 그는 가난한 라코타족에게 희망과 소생과 구원의 메시지를 예언했다. 그의 비전은 라코타족 망자들의 부활, '다단카'(tatanka, 들소를 뜻하는 라코타어 단어―옮긴이)의 귀환, 옛 원주민 세상의 회복 등을 약속했다. 땅을 되찾고 세상이 더 나아진다는 예언자의 비전은 라코타족을 매료했다.

라코타족은 예언된 비전대로 혈육의 부활, 들소의 복귀, 질병 없는 세상을 실현하기 위해 가무를 시작했는데, 이것이 나중에 '혼령의 춤'으로 알려졌다. 총알을 막아 보호해 준다는 특수한 드레스와 셔츠를 입은 부족민들도 있었다.

육군 장교들과 인디언 관리관들은 이 열광적 활동에 겁을 먹었다. 파인 리지의 한 신임 관리관은 "인디언들이 눈밭에서 춤추며 미쳐 날뛴다"라고 전보를 쳐서 워싱턴에 군대를 요청했고, 이에 벤저민 해리슨Benjamin Harrison 대통령은 군사 개입을 승인하고 병력 6-7천 명을 라코타족 지역으로 파견했다. 넬슨 마일즈Nelson A. Miles 장군의 표현으로 "사상 최악의 인디언 전쟁이 임박했다"라고 우려한 것이다. 라코타족 지도자인 시팅 불(웅크린 황소) 추장을 체포하려던 시도가 완전히 꼬였다. 시팅 불이 등과 머리에 차례로 총을 맞고 자신의 통나무집 앞에서 죽은 것이다.

시팅 불의 추종 세력은 스포티드 엘크(점박이 고라니) 추장의 진영으로 피했다. 육군 장교들은 스포티드 엘크를 시팅 불의 후계자이자 적의 요인要人으로 보았다. 사실 그는 중증 폐렴에 걸려 요양지를 찾아 파인 리지로 가던 길이었다. 그러나 마일즈 장군은 그 이동을 허락하지 않았고, 오히려 스포티드 엘크와 그의 추종 세력을 무장 해제하여 구류하라고 지시했다.

얼마 후 그는 제임스 포사이스 대령James W. Forsyth 휘하의 제7기병대를 투입하여 스포티드 엘크와 그의 추종 세력을 운디드니 계곡으로 호송하게 했다. 계곡에 도착한 포사이스 대령은 라코타족을 밤새 다 집결시켜 두도록 지시한 뒤, 그들의 진영이 내려다보이는 언덕에 호치키스 대포 넉 대를 배치했다.

이튿날 아침 포사이스 대령은 라코타족의 무기를 전부 빼앗으라고 명령했다. 옐로 버드(노란 새)라는 라코타족 남자가 저항하며 총값을 요구했고, 이어진 드잡이 와중에 그 총이 발사되어 군 장교가 죽었다. 그러자 제7기병대는 기다렸다는 듯이 발포를 시작했고, 넉 대의 대포 역시 살상 목적으로 진영에 포탄을 빗발치듯 퍼부었다. 남자들은 대부분 즉사했고 여자들과 아이들은 진영 뒤쪽의 골짜기로 피했다. 저항은 몇 분 만에 끝났으나 살상은 30분 이상 계속되다가 직사 거리의 즉결 처형으로 이어졌다. 그날 운디드니에서 3백 명 가까운 라코타족이 살상되었고 그중 절반 이상이 여자와 아이였다.

마일즈 장군은 포사이스 대령의 발포 명령을 맹비난했고, 나중에 운디드니 사건을 "군의 가장 가증스러운 실책이자 범죄며 참혹한 아녀자 학살"이라 표현했다.

이 참사는 디 브라운^{Dee Brown}이 1970년에 쓴 명저 『나를 운디드니에 묻어 주오』^{Bury My Heart at Wounded Knee, 한겨레출판}를 통해 일반에 알려졌다.[9] 그 책에는 1860년 나바호족의 "머나먼 여정"(미국 정부가 인종 청소를 목적으로 원주민을 강제 이주시켜 600여 킬로미터를 걷게 한 일련의 사건—옮긴이)에서부터 1890년 운디드니 학살까지가 담겨 있다.

민족의 고리가 끊어지다

운디드니에 대해 내게 가장 도움이 되는 자료는 1932년에 나온 『검은 고라니는 말한다』라는 책이다.[10] 블랙 엘크(검은 고라니)가 그 참사의 목격자였기 때문이다. 1890년에 27세 청년이었던 그는 때마침 파인 리지 보호구역에 있다가 여러 "마차 총"(대포)의 요란한 발포 소리를 들었다. 뒤이어 벌어진 일을 그는 이렇게 묘사했다.

나는 사슴 가죽 안장을 지우고 신성한 셔츠를 입었다. 내가 직접 만들어 나만 입던 옷이었다.…얼굴을 온통 빨갛게 칠하고 머리에는 위의 한 분을 뜻하는 독수리 깃털을 하나 꽂았다. 저쪽에서 여전히 포성이 들렸으므로 준비하는 데 오래 걸리지 않았다. 혼자 나서서 옛길을 따라 언덕을 가로질러 운디드니로 갔다. 총은 내게 없었다. 내 원대한 비전 속에서 보았던 서부의 신성한 활만 휴대했다.

블랙 엘크가 전속력으로 달려가 보니 "포 소리가 더 커졌다. 저쪽에서 말 탄 사람 하나가 아주 빠르게 우리 쪽으로 달려와 말하기를 '어이, 어이! 저 자들이 사람들을 죽이고 있소!'라고 했다. 그러더니 말에 채찍을 가해 더 빠른 속도로 파인 리지 쪽으로 사라졌다."

블랙 엘크는 말을 탄 채로 산마루로 올라가 운디드니를 내려다보았다. "마차 총들은 건너편 작은 언덕 위에서 계속 발포하다가 협곡에까지 가서 또 발포했다. 그쪽에 총격과 울부짖음이 동시에 난무했다.…기병들이 협곡을 따라 이동하며 밑으로 총을 쏘았는데, 밑에는 도랑 안이나 작은 소나무들 뒤로 달아나 숨으려는 여자들과 아이들이 있었다."

블랙 엘크도 오른손에 든 신성한 활로 군인들을 겨누며 돌진했다. 그들이 그에게 총을 쏘았으나 핑핑 총알이 날아가는 소리만 들릴 뿐 하나도 그에게 맞지는 않았다. 협곡 저편의 다른 군인들도 그에게 총격을 가했으나 그는 다치지 않았다.

그의 말은 이렇게 이어진다.

이때쯤에는 다른 많은 라코타족 사람들도 포성을 듣고 파인 리지에서 이동해 왔다.… 나중에 우리가 건곡을 쭉 따라가 보니 눈앞에 참혹한 광경이 펼쳐져 있었다. 달아나다가 죽거나 다친 여자들과 아이들과 어린 아기들이 온 사방에 널려 있었다. 달리는 그들을 군인들이 협곡 위에서 따라가면서 그대로 사살한 것이다. 함께 모여 있다가 더미를 이룬 시체들도 있었고, 여기저기 흩어져 있는 시체들도 있었다. 무더기로 마차 총에 맞고 죽어 갈가리 찢겨 있기도 했고, 죽어서 피투성이가 된 엄마의 젖을 빠는 어린 아기도 보였다.

이 비통한 묘사를 마치면서 블랙 엘크는 "그 광경을 보노라니 나도 같이 죽지 못한 게 한이었다"라고 덧붙였다.

운디드니 학살이 자행될 때는 맑은 겨울날이었는데, 그날 밤부터 강풍이 울부짖더니 지독한 눈보라가 몰아쳤다. 혹한의 날씨에 시신들은 흉한 기형의 모습 그대로 빙결했다. 블랙 엘크는 "굽이진 협곡 깊숙이 들이친 눈발이 도살된 여자들과 아이들과 아기들을 덮어 하나의 긴 무덤을 이루었다. 그들은 아무런 위해도 가하지 않았고 그저 달아나려 했을 뿐이다"라고 썼다.

그는 책을 이렇게 맺는다.

그렇게 다 끝났다. 얼마나 많은 것이 끝났는지를 그때는 몰랐다. 도살된 여자들과 아이들이 굽이진 협곡의 온 사방에 쌓이고 널려 있던 그 장면이 지금 내 노령의 고지에서 되돌아보아도 젊어서 육안으로 볼 때만큼이나 똑똑히 보인다. 그리고 거기 유혈이 낭자한 진창에서 다른 것도 죽어 눈보라 속에 묻혔음이 이제는 보인다. 한 민족의 꿈이 거기서 죽었다. 그것은 아름다운 꿈이었다.

나는 어렸을 때 그토록 원대한 비전을 받았는데도 아무 일도 이루지 못한 딱한 노인이 되고 말았다. 민족의 고리가 끊어져 소멸했기 때문이다. 더는 구심점이 없으며 신성한 나무는 죽었다.

블랙 엘크에게 운디드니의 비극은 한 문화와 생활 방식이 끝났다는 뜻이었다. 이 거대한 슬픔의 도가니를 내 부족한 필력으로 되짚어 보는 이 저녁, 내 마음이 이루 말할 수 없이 슬퍼진다.

13. 사슴뿔이 떨어지는 달

● 12월 4일 - 12월 31일

지혜

하나님이여,
내 속에 정한 마음을 창조하시고
내 안에 정직한 영을 새롭게 하소서.
다윗(시편 51:10)

땅속으로 깊이 내려가야 금을 찾듯이
겸손의 금으로 자신을 낮추는 사람은
모든 덕을 캐낸다.
폰투스의 에바그리우스

첫째 주

진실과 허상의 차이를 아는 것

끝으로 라코타족의 열두째이자 마지막 덕목은 '워크사페'^{Woksape}, 즉 '지혜'다. 이 덕목은 이렇게 묘사되어 있다.

> 삶을 이미 배워서 다른 모든 덕을 실행할 수 있는 사람만이 지혜롭다 할 수 있다. 우리는 먼저 지식을 얻은 다음에 그 지식의 응용법을 배운다. 지혜란 아는 대로 실행하는 것이고, 삶에게서 받아서 삶에게 돌려주는 선물이며, 진실과 허상의 차이를 아는 것이다. 지혜 없는 지식은 가능해도 지식 없는 지혜는 불가능하다. 지혜는 인내로 모든 덕을 기른 데 대해 삶이 주는 보상이다.[1]

이렇게 해서 라코타족의 열두 가지 덕목인 겸손, 인내, 존중, 명예, 사랑, 희생, 진실, 연민, 용기, 끈기, 아량, 지혜를 모두 살펴보았다.

지난 열두 '달' 동안 내게 이런 덕목을 아주 중시하는 마음과 그것이 점점 더 내 일상생활 속에 녹아들기를 바라는 마음이 생겨났다. 놀랍게도 이 목록이 지혜로 마무리된다는 게 마음에 와닿는다. 아마도 지혜는 덕의 완성이어서, 다른 모든 덕에 주의를 기울일 때 우리 안에 태어나는가 보다. 다른 모든 덕을 계속 더 깊이 경험하라고 우리에게 주어지는 보상인가 보다. 얼마나 놀라운 성장의 선순환인가.

대림절 설교가 가장 힘들었던 이유

지금은 대림절 기간이다. 이 절기의 두 화두는 '고대하는 기다림'과 '준비'다. 첫째로 아기 예수의 강림을 경축하기 위해서고, 둘째로 그리스도의 영광스러운 재림을 사모하기 위해서다. '고대하는 기다림' 부분은 잘 모르겠지만, 두 편의 대림절 설교를 읽고 거기에 푹 잠긴다면 '준비'에는 도움이 될 것이다.

그중 첫 번째는 생전에 내 절친한 친구였던 윌리엄 루서 배스위그의 설교다. 내게는 애칭 빌로 통했다. 오랜 세월 여러 루터교 교회에서 목회한 빌은 비범한 설교자였다. 지금은 떠나고 없지만 여기 2000년 11-12월에 그가 작성한 설교가 있다.

> 이제 우리는 대림절에 들어서 크리스마스를 앞두고 있습니다. 여태 제가 한 모든 설교 중에서 대림절 설교가 가장 힘들었습니다. 지금도 저는 대림절 기간에 교회에 나오려면 위화감이 듭니다. 그동안 대림절은 많이 주목받지 못했지만…사실은 마땅히 주목받아야 할 절기입니다. '세속 크리스마스의 온기와 활기' 그리고 일요일에 교회에서 읽는 복음서의 더 진지하고 심지어 근엄한 대림절 본문들, 그 양쪽이 이 기간에 가장 선명하게 충돌하기 때문입니다. 대림절의 교회 음악은 크리스마스 캐럴이 아니라서 자칫 설교자는 우울과 좌절과 심지어 분노로 인해 그리스도의 재림이라는 기쁜 소식을 놓칠 위험마저 있습니다. 사람들이 백화점에서 듣는 것은 크리스마스 캐럴이니까요. '요단 강둑에서 외치는 세례자'는 별로 크리스마스 기분이 나지 않지만 우리는 대림절 기간에 이 찬송을 부릅니다.[2]

빌의 말은 지금의 내 상황과도 잘 들어맞는다. 지난 몇 주 동안 나는 1890년 12월 29일의 참혹한 운디드니 사건에 몰두했다. 앞서 우리 역사의 그 어두운 시기를 간략히 요약하기도 했다. 그래서 내 마음은 아직 크리스마스의 온기와 활기에 섞여 들 준비가 되어 있지 못하다. 이 루터교 목사가 내게 일깨워 주듯이 대림절의 주제는 더 엄숙한 준비다. 빌이 언급한 찬송가 "요단 강둑에서 외치는 세례자"On Jordan's Banks the Baptist's Cry의 가사는 다음과 같다.

요단 강둑에서 외치는 세례자
가까이 오신 주를 알리네.
깨어나 들으라, 주가 전하시는
만왕의 왕의 기쁜 소식을!

사람마다 죄를 씻고 그 마음에
주 오실 길을 곧게 하여라.
우리 모두가 마음을 준비하여
주 오실 때에 맞아들이세.

주여, 우리 구주로 영접하오니
피난처와 큰 상급 되소서.
주 은혜 없이는 말라비틀어져
꽃처럼 시들어 죽나이다.

손을 뻗어 주 우리를 치유하사
넘어지잖게 일으키소서.
주 얼굴을 우리에게 비추시고
세상에 주 사랑 부으소서.

강림하여 우리를 해방하신 주
모든 찬양을 드리나이다.
성부 성자 성령 삼위 하나님을
영원토록 경배하나이다.

둘째 주

아름다움 가운데 행하게 하소서

오늘 아크다 라코타족 박물관 겸 문화센터에서 라코타족의 한 기도문을 만났다('아크다'는 라코타어 단어로 '주의하다, 경청하다'라는 뜻이다—옮긴이). 추장 옐로 라크(노란 종달새)가 기도문을 영어로 번역해 놓았다.

위대한 정령께 드리는 기도

위대한 정령이여, 바람결에 당신의 음성을 듣사오니 당신의 숨결은
 온 세상에 생명을 주시나이다.
제게 당신의 힘과 지혜가 필요하오니 이 기도를 들어 주소서.
아름다움 가운데 행하게 하시고, 이 눈으로 늘 붉은빛과 자줏빛 노

을을 바라보게 하소서.

당신이 지으신 것들을 아끼는 손과 당신의 음성을 듣는 밝은 귀를 주소서.

지혜를 주셔서 당신이 우리 민족에게 가르치신 것들을 깨닫게 하소서.

제 앞에 무슨 일이 닥쳐와도 늘 침착하고 강인하게 하소서.

당신이 모든 잎과 돌 속에 숨겨 놓으신 교훈들을 배우게 하소서.

순전한 생각에 힘쓰게 하시고, 다른 사람들을 도우려는 마음으로 행동하게 하소서.

연민을 품되 동정심에 지배당하지 않게 하소서.

형제보다 높아지기 위해서가 아니라 가장 큰 적인 저 자신과 싸우기 위해서 힘을 구하나이다.

당신 앞에 올 때 깨끗한 손과 곧은 눈으로 오도록 늘 준비되어 있게 하소서.

그리하여 노을이 저물듯 제 삶이 저물 때 부끄럼 없이 당신께 나아가게 하소서.[3]

잠잠한 기다림

2018년 봄에 와이오밍주 포트 래러미 국립 사적지에서 라코타족 수천 명의 큰 모임이 있었다. 다른 원주민 부족들도 대표로 참석했다. 그들은 1868년에 체결된 포트 래러미 조약의 150주년을 기념했다. 블랙 힐스의 골드러시로 인해 이 1만 3천 평방킬로미터의 타원형 산맥이 갑자기 중요해지자 국회는 1877년에 일방적으로 그곳을 합병했다. 올해 초 '눈이 아픈 달'의 사순절 기도에서 그 파렴치한 탐욕 행위에 초점을 맞춘 바 있다. 이제 비참한 운디드니 학살의 기념일을 앞둔 대림절에 나는 부족의 땅이 반환되기를 아직도 기다리고 있는 라코타족을 생각한다. 1980년의 대법원 판결에 의거하여 보상금이 책정되었지만 그들은 처음부터 이를 거부했다. 2018년의 모임에서 라코타족은 1868년의 조약에 서명한 사람들의 정신을 기림으로써 부족의 자결권을 주장했다.

　라코타족은 성공할까? 블랙 힐스가 그들에게 반환된다는 게 가능한 일일까? 2012년에 국제연합 조사단은 반환을 권고했고, 2014년에 버락 오바마^{Barack Obama} 대통령도 스탠딩 록 보호구역을 방문하여 1,800명의 원주민 앞에서 천명하기를 국가 대 국가의 관계가 수립되어야 한다고 했다. 이어 그는 블랙 힐스 일부를 '오체디 사코윈'^{Očhéthi Šakówiŋ}—라코타족을 가리키는 공식 명칭으로 '일곱 불의 위원회'라는 뜻이다—에게 반환할 것을 국회에 제의했다.

　그것이 얼마나 현실성 있을까? 나는 모른다. 내 지식을 한참 벗어나는 문제라서 답할 수 없다. 하지만….

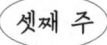 셋째 주

희망과 꿈

오늘은 날이 푹해서 계곡을 오래 걷기로 한다. 내 등에 떨어지는 겨울 햇살이 따사롭다. 그래도 등산로의 얼음 때문에 걸음은 한결 느리다. 특히 햇볕이 미치지 않는 음지가 얼어 있다. 안전하게 등산용 지팡이를 짚지만 그래도 평소보다 더디다. 터벅터벅 걷는 동안 내 뇌리 속은 온통 운디드니뿐이고, 사랑하는 '헤 사파'(블랙 힐스)를 갈구하는 라코타족뿐이다.[4] 가능한 조치가 있다면 그게 무엇일까? 문득 '희망과 꿈'이라는 단순한 문구가 샘솟듯 떠오른다. 나는 '마도 디필라'(곰의 집, 데블스 타워)와 블랙 엘크 피크와 '마도 파하'(*Mato Paha*, 곰의 산, 베어 뷰트)가 다시 신성한 곳으로 구별되어 라코타족의 비전 퀘스트에 쓰일 날을 **희망한다**. 정의롭고 정당하고 충실한 배상이 이루어질 날을 **꿈꾼다**. 라코타족을 위한 정의를 부르짖는 여론이 광범위하게 확산되기를 **희망한다**. "온 세상이 고리처럼 빙 둘려…하나의 존재처럼 더불어 살아야" 한다던 블랙 엘크의 비전이 실현될 날을 **꿈꾼다**.

물론 희망과 꿈에 불과함을 안다. 그래도 정의가 물같이, 공의가 마르지 않는 강같이 흐르기를 기도한다.

라코타족은 이겨낼 것이다

라코타족의 미래는 어떻게 될까? 그들에게 가해지는 폭력, 주권 침해, 의식儀式을 해체하려는 시도, 역사 왜곡과 오용, 다코타 송유관 누출 사고, 기타 수많은 것을 딛고 그들은 살아남을 수 있을까? 알았으면 좋겠는데 나는 모른다.

그래서 나는 페카 해멀라이넨의 역작 『라코타족의 아메리카』에 나오는 다음과 같은 결론적 분석을 존중하고 거기서 용기를 얻으려 한다. "라코타족은 끝까지 견뎌 낼 것이다. 이크도미(라코타족 신화에서 장난꾸러기 신령이자 변신하는 문화적 영웅으로서 선악의 이중적 의미를 지닌다—옮긴이)의 민족답게 유연하고 적응력이 좋은 데다, 새롭게 변신할 때조차도 본래의 정체성에 대한 확신이 절대적이기 때문이다. 다른 정부와 다른 정권과 다른 시대가 오고 가겠지만 라코타족은 이겨낼 것이다. 늘 세상에 살아남을 것이다. 세상 속에 온전히 들어가 세상의 모양에 순응하면서도 매번 세상을 자기네 형상대로 개조할 줄 알기 때문이다."[5]

마리아의 찬가

꼭 읽고 싶었던 또 하나의 대림절 설교는 누가복음 1:46-55에 나오는 마리아의 찬가를 중심으로 한 디트리히 본회퍼의 "내 마음이 기뻐하였음은"이다. 이 노래를 사상 최초의 대림절 찬송으로 볼 수 있다. 본회퍼는 "또 그것은 유사 이래의 대림절 찬송 중 가장 뜨겁고 격정적일 뿐 아니라 거의 가장 혁명적이라고까지 말할 수 있습니다"라고 지적했다.[6] "모든 권좌를 무너뜨려 세상 군주들에게 치욕을 안기고, 하나님의 능력과 인간의 무력함을 드러내는 매섭고 모질고 냉혹한 찬송"이라는 말도 덧붙였다.

본회퍼의 설교에 나오는 한 감동적 주제는 하나님이 사회의 모든 소외층을 지극히 사랑하신다는 것이다. "하나님은 낮은 자를 가까이하시고, 잃어버린 자와 보잘것없는 자와 하찮은 자와 소외된 자와 무력한 자와 상한 자를 사랑하십니다. 사람들이 잃었다고 말하는 것을 하나님은 찾았다고 말씀하시고, 사람들이 '정죄되었다'라고 말하는 것을 하나님은 '구원받았다'라고 말씀하십니다. 사람들이 안 된다고 부정할 때도 하나님은 가능하다고 단언하십니다!"[7]

또 다른 주제는 하나님이 완전히 자유자재로 그분 원하시는 대로 행하신다는 것이다. 본회퍼가 마음이 겸손한 이들을 어떻게 끌어들이는지 보라. "하나님은 무한한 자유로 인간이 절망할 때 기적을 베푸시고 낮고 천한 자를 영화롭게 하시는데, 겸손한 사람만이 이것을 믿고 기뻐합니다."[8]

세 번째 주제(모든 설교에는 세 가지 요점이 필요하다!)는 마리아가 기다리고 기다리고 또 기다린다는 것이다. 생각해 보면 나는 대림절의 몇 주 동안 '고대하며 기다리는' 것만도 힘들다. 그런데 마리아는 메시아의 어머니가 되리라고 천사가 고지한 때로부터 아기 예수가 태어날 때까지 아홉 달을 기다렸다. 그야말로 '고대하는 기다림'이다! 나도 마리아를 보고 배워야겠다.

넷째 주

그 고요한 밤, 그 거룩한 밤

오늘은 크리스마스이브다. 이날 밤은 내게 늘 특별했고 신성하기까지 했다. 특히 내가 일고여덟 살이었을 적의 한 크리스마스이브 예배가 기억난다. 유진과 진 커핀 부부의 목양이 아주 생생히 떠오르는데, 자신들을 '청바지(진) 한 벌'로 즐겨 부르던 그들이 바로 **나의** 목사였다.

함께 모이는 예배는 목양을 피부로 느끼는 시간이었고, 유진은 그 부분에 특별한 은사가 있었다. 물론 예배의 초점은 늘 성부 성자 성령 삼위 하나님의 실재다. 유진은 우리를 하나님의 가족으로서 바짝 끌어들이는 남다른 재주가 있었다. 훗날 내게 설명한 바에 따르면 그가 예배 인도자로서 힘쓴 것은 "집회임을 의식하며 거기에 푹 젖어 드는" 것이었다. 나도 그 말에 즉시 공감된 것은 실제로 그렇게 경험했기 때문이다. 하나님을 예배하는 것은 공동체의 경험이었다. 가족으로서 함께 우러르고 예배하고 기도하고 듣는 시간이었다. 우리는 늘 배운 대로 '우리 가운데 계시는 그분의 임재'를 의식했다. 당시 아이였던 우리도 스승으로 임재하시는 그리스도께 귀 기울이며 가만히 전념할 줄을 알았다.

오래전의 그 크리스마스이브 예배는 아주 단순했다. 진이 풍금을 치며 잘 알려진 크리스마스 캐럴을 몇 곡 선창했다. 이어 유진이 큰 흔들의자에 앉아 우리를 발치에 모으고는 어린 소녀 하나를 안아 올려 자신의 무릎에 앉혔다. 그런 상황에서 아이들은 으레 산만하게 꼼지락대게 마련인데 그날 밤에는 그렇지 않았다. 거룩한 정적이 어른 아이 할 것 없이 우리 모두를 덮은 것 같았다. 유진은 사랑으로 우리를 하나씩 말없이 바라보다가 성경을 꺼내 누가복음에 나오는 크리스마스 이야기를 읽었다.

말했듯이 예배 형식은 지극히 평범했다. 조명을 줄이거나 촛불을 켜지도 않았고, 그럴듯한 분위기를 자아낼 만한 게 하나도 없었다. 중요한 것은 외부의 물리적 요소가 아니라 우리를 덮친 거룩한 정적이었다. '우리 가운데 계시는 그분의 임재'였다. 뚫고 들어온 하나님의 쉐키나 영광이었다. 72년이나 지난 지금까지도 그 고요한 밤, 그 거룩한 밤이 기억에 선하다.

극한의 순전한 겸손

오늘은 크리스마스다. 이날만은 겸손이라는 주제를 관상하기가 어렵지 않다. 하나님이 낮아지셔서 우리 같은 인간 예수로 오셨다. 우리 중 가장 작은 자처럼 되셨다. 예수의 어머니는 아직 결혼도 하지 않은 상태였고, 그녀의 남편 될 사람은 혼외 임신이 의심되는 상황에서 파혼할 생각까지 했었다. 여관에서 퇴짜 맞은 그들이 결국 찾아낸 해산 장소는 사람의 거처가 아니라 동물 우리인 '마구간'이었다. 바로 거기서 그리스도는 산파의 도움도 받지 못하고 태어나셨다. 마리아와 요셉이 갓난아기 예수를 누일 수 있던 유일한 곳은 동물의 여물통이었다.

세상의 구주의 탄생은 극한의 순전한 겸손이라는 말로밖에 표현될 수 없다. 그래도 하늘은 천사 찬양대의 우렁찬 노랫소리로 반응했다. "지극히 높은 곳에서는 하나님께 영광이요 땅에서는 하나님이 기뻐하신 사람들 중에 평화로다"(눅 2:14). 나도 이 모든 **겸손과 위엄** 앞에 엎드린다.

지난 한 해를 기도하는 마음으로 돌아볼 때

이제 지난 한 해를 기도하는 마음으로 돌아볼 때가 되었다.

지난 한 해 동안 나는 겸손에 대해 무엇을 배웠는가?

- 기독교 역사 내내 겸손이 소중한 덕목이었음을 배웠다.
- 하나님의 은혜에 협력하여 실제로 내 겸손에 진척을 이룰 수 있음을 배웠다.

- 겸손할수록 더 인간다워져서 다른 사람들이 내게 더 편하게 다가올 수 있음을 배웠다.
- 겸손하면 다른 사람들의 필요를 더 잘 채워 줄 수 있음을 배웠다.

지난 한 해 동안 나는 겸손의 은혜에서 자라 갔는가?

이것은 나보다 다른 사람들이 답해야 할 문제인 것 같다.

그야 그렇지만, 내 겸손의 진척 상황을 나는 아예 알 수 없다는 뜻인가?

전혀 그렇지 않다. 예컨대 내가 되짚어 볼 수 있는 몇 가지 단순한 질문이 있다.

- 다른 사람이 잘될 때 나는 정말 기쁜가?
- 내 자랑을 하려는 욕구가 줄어들었는가?
- 내 안에 타인을 통제하거나 관리하려는 충동이 점점 덜해지는가?
- 화제를 지배하려는 욕구는커녕 그러고 싶은 마음조차 없이 참으로 대화를 즐길 수 있는가?

이런 질문을 솔직하게 숙고해 보면 내 안에 겸손의 은혜가 자라 가고 있는지를 더 잘 알 수 있다. 내 안에 겸손이 자라 가고 있다면 기뻐하며 하나님께 감사할 수 있다. 내 힘으로 되는 게 아니라 그분의 은혜이기 때문이다.

내가 앞으로 품고 살아갈 수 있는 교훈은 무엇인가?

- 겸손이 내가 최선을 다해 노력할 만한 덕목임을 확신할 수 있다.
- 내 안에 겸손의 은혜를 더하시려는 하나님의 열정을 확신할 수 있다.
- 하나님과 협력하면 내 영혼이 겸손의 은혜에서 자라 갈 것을 확신할 수 있다.
- 내가 겸손의 덕목에서 성숙해지면 신앙 공동체에 풍성한 혜택이 돌아갈 것을 확신할 수 있다.

새해 전야 — 내 작은 기도를 뒤로한다

올해를 마무리하면서 이제 주님께 이렇게 구하던 내 작은 기도를 뒤로한다.

- 제 마음을 정결하게 하시고,
- 제 생각을 새롭게 하시고,
- 제 상상을 거룩하게 하시고,
- 제 영혼을 넓혀 주소서.

 1년 내내 이렇게 단순하게 기도하면서 내 영혼에 좋은 열매가 맺혔다.

 그러나 주님이 내게 가르치시려는 기도가 더 있는 것 같다. 어떤 면에서 나는 이전 어느 때보다도 더 기도에 자신이 없다. '마음의 기도'를 배우고 싶지만 그런 영적 고지에 오를 준비가 되어 있지 못한 것 같다. 오히려 주께서 나를 기본으로 돌아가게 하시는 게 느껴진다. "나를 사랑하는 법을 새로 배우라. 그냥 나를 사랑하라. 네 마음과 목숨과 뜻과 힘을 다하여 나를 사랑하라."

최선을 다해 그분을 사랑하리라.

맺는말

내가 겸손을 공부하는 일기를 쓰기 시작한 이유는 어디를 보나 자아도취와 탐욕과 이기심이 우리 문화의 기류를 지배하기 때문이다. 몹시 슬펐다. 도처에서 사람들이 서로 으르렁거리는 것 같았다.

다행히 다 그런 것은 아니었다. 찬찬히 잘 보니 일상적인 친절을 베풀고 단순한 선을 행하는 개인들이 여기저기 있었다. 다만 그들은 망망대해 같은 어둠 속에 저마다 고립된 빛점처럼 느껴졌다.

그래서 모든 덕 중에 가장 기본이 되는 겸손을 생각했다. 수천 년 동안 겸손은 선한 사람의 성품에서 기반암 같은 특성으로 중시되었다. 그런데 우리 시대에는 그렇지 않다? 왜일까? 그나저나 겸손이란 무엇일까?

그렇게 시작된 작업이었고 처음에는 다분히 혼자만의 탐구였다.

마침 새해 선물로 받은 선홍색 일기장에 이 주제에 대한 두서없는 생각을 들쭉날쭉 써넣는 식으로 공부에 착수한 것이다.

그 과정에서 내 겸손 일기 프로젝트를 입에 담는 게 몹시 주저되어 아무에게도 말하지 않았다. 캐롤린을 제외하고는 우리 아들 네이선에게 처음 말했다.

어느 겨울날 오후에 그에게 전화를 걸어 눈을 자랑하던 참이었는데(이제 그는 눈신이 필요 없는 플로리다주에 산다), 내 입에서 그 말이 나오는 순간 여태 내가 주저해 온 이유를 깨달았다.

네이트는 우스갯소리로 "아, 겸손에 대한 책이라니 아버지가 확실히 유명해지시겠는걸요!"라고 말했다. 그렇게 정곡을 찌르다니! 물론 이중의 의미가 담긴 말이었다. 겉으로는 현대의 우리 정황에서 그런 반문화적 주제에 대해 읽으려는 사람이 몇이나 되겠느냐는 반어법이었지만, 더 깊이 들어가면 겸손이라는 주제를 책으로 출판한다는 그 부조화를 환기시키는 말이기도 했다. '겸손'은 드러나지 않게 숨는 데 방점이 찍힌 덕목인데, '출판'은 인지도와 넓은 독자층에 중점을 두는 사업이다. 그 모순이 나를 강타해 왔다. 약간 앞뒤가 맞지 않았다. 그런데 뜻밖에도 내 공부가 결국 이렇게 책으로 나왔다. 누가 상상이나 했겠는가?

덕분에 사랑하는 독자인 당신과도 만나게 되었다. 당신은 겸손의 덕목만을 전적으로 다룬 책을 손에 들었다. 우리 문화의 지배적 기류에 정면으로 어긋나는 주제를 깊이 생각해 보기로 했다. 축하한다!

이 주제에 몰두한 덕분에 당신이 조금이라도 겸손 쪽으로 이동했기를 바란다. 계속 나아가라. 때가 되면 당신의 심령이 깊이 안정되면서 우리 사회의 상하고 깨어진 이들을 향한 관심이 깊어질 것이다.

그래서 내 독자이자 친구인 당신에게 권한다.

- 과감히 겸손을 배우라.
- 마음을 굳게 먹고 겸손을 배우라.
- 용기를 내서 겸손을 배우라.
- 긍휼의 마음으로 겸손을 배우라.

감사의 말

나의 첫 책 『영적 훈련과 성장』*Celebration of Discipline*, 생명의말씀사에 "책이란 공동체로 써야 최고다"라고 썼는데, 제대로 알고나 한 말인지 모르겠다! 지금 나를 에워싼 공동체는 훨씬 더 깊고도 넓다. 상상할 수도 없던 일이다. 수많은 사람에게 진 빚을 어떻게 표현해야 할지 모르겠다. 그중에는 지금 살아 있는 이들도 있고 사망의 음침한 골짜기를 건너간 이들도 있다. 어쨌든 최대한 감사를 표해 보겠다.

겸손이라는 덕목의 진정한 화신을 떠올리려 했을 때 내 기억은 나를 먼 옛날의 빌과 아이린 캐더스 부부에게로 데려갔다. 오랜 세월 그들은 에콰도르에서 신실하게 그리스도를 섬겼으며, 빌은 그 옛날에 나를 위해 기도하면서 "작가가 될 사람을 위해 기도합니다"라고 예언적으로 선포했던 사람이다. 일상생활 속에 지속되는 겸손의 모습을 내게 보여 준 빌과 아이린에게 감사한다.

캐롤린 포스터에게 진심으로 감사하고 싶다. 아내는 내가 일기를 쓰고 책을 읽고 자료를 조사하는 동안 쭉 곁을 지켜 주었다. 그러면서 나처럼 아내도 이런 내용이 혹시 책으로 빛을 보아야 하지 않을까 하는 생각이 점점 깊어졌다.

아들 네이선 포스터에게 특별히 감사한다. 우리는 로키산맥의 산속을 수없이 걸으며 함께 대화하고 토론하고 꿈꾸곤 했다. '일상생활 속의 겸손'을 늘 더 또렷이 보고자 했다.

다음으로 미미 딕슨, 밥 프라일링, 브렌다 퀸, 라르 러슬, 팻 러슬에게 고마움을 표하고 싶은데, 이들은 글을 쓰는 내내 나와 동행하며 조언과 통찰을 베풀어 준 충실한 독자 모임이다.

퇴고 작업은 대부분 8킬로미터쯤 떨어진 우리 시골길의 아드리아나 식당에서 이루어졌다. 아드리아나는 늘 인심 좋게 내게 조용한 구석 자리를 내주며 잔에 커피가 떨어지지 않게 해주었다. 그녀와 모든 직원에게 깊이 감사한다!

작가 초년 시절에는 연속 10시간, 12시간, 때로 14시간까지도 집필에 집중할 수 있었는데 80대에 들어선 지금은 몇 시간만 집중해도 머리에 쥐가 날 것 같다. 그래서 내 일기가 혼자만의 기록으로 끝나지 않으리라는 게 분명해졌을 때 걱정이 앞섰다. 요즘은 책을 만들어 내보내려면 원전 확인과 교정과 SNS가 꼭 필요한데, 이 모두를 내가 어떻게 감당할 것인가? 바로 그때 나를 도와줄 '초능력자' 세 사람이 나타났다.

애초에 그냥 일기장에 소감을 적는 작업이었던 만큼 굳이 인용문의 출처를 밝혀 놓지 않았었다. 일기에 각주를 다는 사람이 누가 있겠는가? 물론 참고한 책이 다 내게 있긴 했지만 그 많은 책에서 그 많은 불분명한 말을 찾아내기란 보통 일이 아니었다. 바로 이 부분에서 자료 조사의 달인 멜로디 리퍼가 나를 구해 주었다. 나는 몇 시간만 함께 일해도 골치가 지끈거리는데 그녀는 "셜록 홈즈의 탐정 활동"이라면서 10시간, 12시간, 어쩌면 14시간 연속으로 매달렸다. 그리하여 결국 모든 인용문의 출처를 하나도 빠짐없이 다 찾아냈다. 멜로디에게 감사한다.

또한 책이 나오려면 방대한 작업을 교정자와 함께 진행해야 한다. 복잡하고 세부적인 전문 분야라서 생각만 해도 아찔했는데, 내 오랜 친구이자 저작권 대리인인 캐시 헬머즈가 나서 주었다. 캐시는 오래전에 『하나님과 함께하는 삶』*Life With God*, 랜덤하우스코리아을 나와 공저했기 때문에 내 문체를 세세한 구문까지 잘 안다. 그녀가 너그럽게 자원하여 교정자와 협업하면서 수많은 결정을 내려 준 덕분에 최종 원고가 좋아졌다. 캐시에게 감사한다.

새로 나올 책은 당연히 대중에게 알려져야 하며, 우리 시대에는 다양한 온라인 플랫폼이 거기에 대폭 소용된다. 모두 훌륭한 소통 수단이지만 일찍이 나는 다른 데 에너지를 집중하려고 이런 첨단 기술 형태의 활동은 하지 않기로 결심한 바 있다. 그래서 레노바레(리처드 포스터가 설립한 기독교 영성 계발 기관—옮긴이)의 소통 책임자인 브라이언 모리컨이 나를 도와주었다. 이 책의 메시지를 널리 알리기로 해준 브라이언과 레노바레팀의 귀한 마음에 감사를 표한다.

끝으로 책다운 책이 되려면 탄탄한 출판사와 유능한 편집인이 필요한데, IVP와 신디 번치가 그 역할을 톡톡히 해주었다. IVP의 분과 부대표이자 부발행인인 신디는 포마티오라는 영성 계발 계열을 관장하며 편집장으로 활동한 지 오래다. 몇 년 전에 우리는 다른 주제로 프로젝트를 시작했는데, 내가 2년간 그 주제의 책 40여 권을 연구한 끝에 내린 결론은 거기에 더 보탤 만한 게 없다는 것이었다. 그래서 신디는 기다리고 기다리고 또 기다렸고, 마침내 이렇게 『겸손을 배우다』가 나왔다. 기다려 준 신디에게 감사한다.

더 읽을 책

겸손의 덕목을 다룬 책을 몇 권 추천한다. 짤막한 목록이다. 너무 많으면 엄두가 안 날 테니 말이다. 자신에게 도움이 되는 책을 읽다 보면 그것이 다른 자료로 이어질 것이다. 이것을 기독교의 가장 중심된 덕목 속으로 들어서는 위대한 보물찾기로 생각하면 좋겠다. 책 목록은 알파벳순이 아니라 처음 발표된 시대순이며, 내게 도움이 되었던 라코타족 관련 서적도 맨 뒤에 몇 권 덧붙였다.

성경, 많은 판본과 역본. 의심의 여지 없이 성경은 겸손을 배우기에 가장 중요한 자료다. 여러 다른 역본을 좋은 성구 사전[나는 『로버트 영의 성경 분석 색인』(Young's Analytical Concordance to the Bible)을 즐겨 본다]과 함께 사용하면 좋다. 단 공부를 **겸손**이란 단어가 쓰인 본문에만 국한하지는 말라. 예컨대 복음서 중 하나를 골라 꼭 그 단어가 쓰이지 않았더라도 예수님의 행동이나 가르침 속에 겸손의 개념이 표현된 대목이 얼마나 많은지 보는 것도 좋다. 구약의 잠언에 대해서도 똑같이 할 수 있다. 물론 성경으로 겸손을 더 깊이 배우는 방법은 그 밖에도 더 있을 것이다.

Benedictus of Nursia, *The Rule of St. Benedict in English*. Collegeville, MN: Liturgical, 1982. 베네딕투스(약 480-547년)는 이 책을 "초심자를 위한 간단한 규칙"이라 부르면서, "엄하고 짐스러운 것은 하나도" 규정하려 하지 않았다. 알다시피 위대한 베네딕도 수도원 전통은 이 작은 책자에서 비롯되었다. 베네딕투스의 "겸손의 열두 단계"가 제시되어 있는 7장을 집중해서 읽어 보라. 겸손에 대한 그의 사상을 당신이 사는 세상 속에 이식하는 실험도 해볼 수 있다. 『성 베네딕도 규칙』, 들숨날숨.

Bernard of Clairvaux, *The Steps of Humility and Pride*. Washington, DC: Cistercian, 1973. 베르나르(약 1090-1153년)는 랑그르의 갓프리의 요청으로 이 책을 썼다. 겸손에 대한 베르나르의 설교를 들은 갓프리가 이 주제에 대해 더 지도받기를 원했다. 그런데 베르나르는 경험상 자신이 겸손보다 교만을 훨씬 많이 안다고 느꼈고, 그래서 베네딕투스의 겸손의 상승 단계를 설명한 뒤 그것을 교만의 하강 단계와 나란히 대비시켰다. 그는 이렇게 썼다. "갓프리 수사여, 아마 그대는 내가 그대의 부탁과 내 약속대로 하지 않았다고 푸념할 것이다. 내 글은 겸손의 단계라기보다 교만의 단계처럼 보인다. 직접 아는 것밖에 가르칠 수 없기 때문이다.…겸손을 마음속에 품고 산 성 베네딕투스라면 그대 앞에 겸손의 단계를 제시할 수 있겠지만, 나는 내 하강의 길 외에는 그대 앞에 내놓을 게 없다. 다만 그 내용을 신중히 살펴 그대만은 위로 올라갈 길을 찾기를 바란다." 덕분에 읽는 재미가 쏠쏠하다.

Thomas à Kempis, *The Imitation of Christ*. William C. Creasy 번역. Macon, GA: Mercer University Press, 1989. 토마스 아 켐피스(약 1380-1471년)는 새로운 경건(*Devotio Moderna*)을 강조한 평신도 운동인 공동생활 형제자매단(the Brothers and Sisters of the Common Life)의 일원이었다. 이것은 경건이 검소한 삶, 겸손한 마음, 예수님을 믿는 일상 등으로 삶에서 드러나도록 하는 데 초점을 맞춘 갱신 운동이다. 지난 5백여 년간 이 책은 전 세계의 그리스도인에게 타의 추종을 불허하는 경건 서적의 수작이었다. 『그리스도를 본받아』, 브니엘.

The Cloud of Unknowing. Carmen Acevedo Butcher 번역. Boston: Shambhala, 2009. 역자 부처는 이 책(1300년대 후반)을 "뼈처럼 메마른 영혼 위에 내리는 단비"라 칭했다. 그녀의 말은 이렇게 이어진다. "무명의 저자는 관상 기도가 무엇이며 그것이 어떻게 모든 영적 고갈—부족한 사랑, 바닥난 겸손, 사라진 평안-을 종식시킬 수 있는지를 페이지마다 끈기 있게 설명한다. 먼저 겸손히 자신을 성찰하라 권한 뒤, 영혼을 깊이 정화시켜 줄 유일한 훈련으로 관상 기도를 제안한다"(ix). 다음은 이 책에서 내가 좋아하는 한 대목이다. "권하노니 하나님과 일종의 놀이를 해보라. 진지하게 하는 말이다. 당신이 원하는 것을 별로 원하지 않는 척해 보라.…확신컨대 누구든지 선뜻 이 권고대로 실천하면 결국 하나님의 쾌활한 기쁨이 느껴질 것이다. 이 땅의 아버지가 자녀와 함께 놀듯이 하나님이 당신에게 오셔서 입 맞추고 끌어안으며 다 괜찮아지게 하실 것이다"(p. 106). 『무지의 구름』, 키아츠.

Julian of Norwich, *Showings*. Edmund College 번역. The Classics of Western Spirituality. New York: Paulist, 1978. 줄리안(약 1343-1416년 이후)은 영어로 책을 쓴 최초의 여성이다. 그녀의 문장에는 활력이 넘쳐흐르는데, 예를 들면 이렇다. "하나님은 자신이 우리 아버지이심을 기뻐하시고, 자신이 우리 어머니이심을 기뻐하시며, 자신이 우리의 참 배우자시고 우리 영혼이 그분의 사랑받는 아내임을 기뻐하신다. 또 그리스도는 자신이 우리의 형제이심을 기뻐하시고, 자신이 우리의 구주이심을 기뻐하신다. 내가 알기로 그분은 구원받을 우리 모두도 이 다섯 가지 큰 기쁨에 동참하여 그분께 찬송과 감사와 사랑과 끝없는 복을 드리기를 원하신다"(p. 279). 『하나님 사랑의 계시』, 은성.

William Law, *A Serious Call to a Devout and Holy Life*. The Classics of Western Spirituality. New York: Paulist, 1978. 윌리엄 로(약 1686-1761년)는 존 웨슬리, 새뮤얼 존슨, 존 헨리 뉴먼, 잔느 귀용 부인, 존 뉴턴 등 아주 다양한 사람의 증언을 통해 영적 삶의 거장으로 인정받았다. 내가 보기에 그가 크게 기여한 것 중 하나는 우리에게 "경건"을 기도나 다양한 의식 같은 경건 행위로만 아니라 "하나님께 드려진 또는 바쳐진 삶 전체"로 보게 해주었다는 것이다. 쉽게 읽히는 책은 아니지만 참고 독파하면 보상이 따른다. 『경건한 삶을 위한 부르심』, CH북스.

Andrew Murray, *Humility*. Minneapolis: Bethany House, 2001. 앤드루 머리(약 1828-1917년)는 영적 삶에 대한 방대한 저작을 남겼다. 과감히 겸손을 직접 글의 주제로 삼은 사람은 손에 꼽을 정도인데 그가 그중 하나다. 그는 겸손을 "모든 덕 중의 으뜸이요 성령의 모든 은혜와 능력 중의 최고"라고 보았다. 여기 머리의 아름다운 진술이 있다. "예수님의 겸손은 그분의 구속(救贖)의 정수이고, 성자 하나님의 복된 삶이며, 그분께 동참하려는 우리에게 나누어 주시는 덕목이다. 그분의 겸손을 공부하면 비로소 우리 삶에 겸손이 부족한 게 얼마나 심각한 문제인지를 깨닫게 된다"(p. 34). 『겸손』, CH북스.

André Louf, *The Way of Humility*. Lawrence S. Cunningham 번역. Collegeville, MN: Liturgical, 2007. 앙드레 루프(약 1929-2010년)는 겸손에 대한 우리의 생각을 돕고자 수도원 전통의 고문헌으로 직행한다. 아주 다양한 작가의 말을 인용하여 우리 앞에 기독교의 가장 중심된 덕목에 대한 풍요로운 사상을 제시한다. 다음은 루프 자신의 말이다.

『교부들의 금언집』(*Apothegmata*)에 이르기를, 어느 날 성 안토니우스가 암자 밖으로 나와서 보니 마귀의 온갖 덫이 그물처럼 세상에 두루 퍼져 있었다. 그가 두려워 큰 신음을 토하며 "나의 하나님! 어떻게 누군들 구원받을 수 있겠나이까?"라고 부르짖자 하늘에서 음성이 들려왔다. "겸손해야 하느니라." 이 말을 같은 안토니우스의 말인 "유혹이 없이는 아무도 구원받을 수 없다"와 연결시켜 생각해 보라. 결론은 아주 분명하다. 유혹은 그리스도인의 삶에서 불가피한 만큼이나 또한 분명히 겸손의 실천을 요구한다(p. 7).

아주 천천히 읽어 볼 만한 책이며, 그래도 시간이 아깝지 않다.

Rebecca Konyndyk DeYoung, ***VainGlory***. Grand Rapids, MI: Eerdmans, 2014. 전통적 기독교 사상에서 허영은 교만의 한 요소며, 어쩌면 현대 문화의 **가장 큰** 악덕일 것이다. 레베카 드영은 이 가장 교활한 악의 뒤틀린 성질을 우리 앞에 풀어내면서 이렇게 썼다. "허영이라는 양파를 잘라 그 많은 껍질을 마주한다면 우리 많은 이들이 울지 않을 수 없을 테고, 적어도 이 악에 맞서는 데 별다른 진전이 없어 절망할 것이다. 우리 삶이 끝없이 솟아나는 만성 교만과 두려움에서 퍼져 나오는데, 어떻게 우리가 허영의 지배력을 꺾을 수 있겠는가?"(p. 87) 이어 그녀는 이 질문에 대한 답으로 우리에게 위대한 기독교 전통의 도덕 사상을 가리키며, 생명을 살리는 여러 덕으로 우리를 안내한다. 기독교의 덕만이 이 시대의 문화 사조인 지이토춰라는 재앙으로부터 우리를 해방할 수 있기 때문이다. 흥미진진한 책이다. 『허영』, 두란노.

라코타족 관련 서적

John G. Neihardt, ***Black Elk Speaks***. New York: Simon & Schuster, 1959. 블랙 엘크(검은 고라니)가 라코타어로 구술하고 그의 아들 벤 블랙 엘크가 번역한 것을 존 니이하트가 표준 영어로 새로 썼다. 블랙 엘크로 불리는 헤하카 사파(Heháka Sápa, 검은 고라니, 1863-1950년)는 오글랄라 라코타족의 유명한 성인(聖人)이었다. 추장 크레이지 호스(미친 말)의 육촌인 그는 리틀 빅혼 전투에 참전했으나, 이를 "장발을 말살한" 전투라 표현했다. 자신이 아홉 살 때 받은 "원대한 비전"을 그는 이렇게 회고했다. "나는 말로 다할 수 없는 것을 보았고, 본 것보다 더 많이 이해했다. 신성하게 만물의 형상을 영으로 보았던 것이다.…내가 보니 내 민족의 신성한 고리는 단일한 원을 이루는 많은 고리 중 하나였고, 햇빛과 별빛만큼이나 광활한 그 원의 한가운데서 거대한 꽃나무가 자라나 한 어머니와 한 아버지의 모든 자녀를 감싸안았다"(p. 36). 그는 기독교 신앙에 입문했으나 라코타족의 종교 전통도 고수했다. 『검은 고라니는 말한다』, 두레.

Joseph M. Marshall III, *The Lakota Way: Stories and Lessons for Living.* New York: Penguin Putnam, 2001. 조셉 마셜 3세는 로즈버드 원주민 보호구역에서 나고 자란 브룰레 라코타족이다. 모국어는 라코타어지만 모든 저서를 영어로 썼다. 탁월한 이야기꾼인 그의 이 책은 라코타족의 열두 가지 덕목인 겸손, 인내, 존중, 명예, 사랑, 희생, 진실, 연민, 용기, 끈기, 아량, 지혜를 근간으로 했다. 거기에 이런 대목이 나온다. "이 책 속의 이야기들이 표방하는 모든 덕목은 라코타족 문화의 기초이자 도덕적 지지대였고 지금도 마찬가지다. 이보다 더 중요한 것은 없다. 우리가 육신의 안락이나 물질의 소유를 경시해서가 아니라 자신이나 타인을 그런 기준으로 평가하지 않기 때문이다. 우리가 믿는 평가 기준은 인생길에서 드러나는 우리의 덕이 얼마나 알차거나 빈약한가에 있다"(xiii). 정보와 감동을 함께 주는 책이다. 『바람이 너를 지나가게 하라』, 문학의숲.

Doug Good Feather, *Think Indigenous.* Carlsbad, CA: Hay House, 2021. 더그 굿 페더(위야카 와스데, 좋은 깃털)는 사우스다코타주 스탠딩 록 원주민 보호구역에서 선조 고유의 전통적 방식으로 나고 자란 순혈종 라코타족이다. 추장 시팅 불(웅크린 황소)의 직계 자손인 그는 이렇게 썼다. "나는 전사로 길러졌다. 그런데 전사가 될 내가 배운 내용은 전쟁이 아니라 사랑과 연민과 아량과 끈기와 용기였다. 내 앞가림을 할 줄 알고 평화와 사랑의 전사가 되려면 그 모두를 알고 터득해야 했다"(ix). 이 말에서 느껴지듯이 그는 라코타족의 여러 덕목을 자주 언급한다. 읽기에 즐거운 책이다.

The Wisdom of the Native Americans. Kent Nerburn 수집 및 편집. Novato, CA: New World Library, 1999. 켄트 너번은 원주민 문화와 비원주민 문화의 괴리를 정중하게 잇는 몇 안 되는 미국 작가 중 하나다. 이 책에 실린 이야기와 인용문은 아메리카 원주민의 여러 부족과 전통을 두루 아우른다. 나는 추장 레드 재킷(붉은 저고리)과 추장 조셉과 추장 시애틀의 말이 수록되어 있어서 특히 좋았다. 테톤 수족의 추장 루서 스탠딩 베어(서 있는 곰)의 이 말을 들어 보라. "라코타족은 자연을 사랑하는 진정한 자연주의자였다. 대지와 그 안의 모든 것을 사랑했으며, 나이가 들수록 그 정이 더욱 깊어졌다. 노인들은 말 그대로 흙을 사랑하여 땅에 앉거나 누워서 어머니 같은 대지의 힘을 피부로 느꼈다"(p. 5). 너번이 쓴 책은 열여섯 권에 이르니 어쩌면 『상처 난 무릎, 운디드니』부터 시작해서 그중 몇 권을 읽어 보는 것도 좋다. 『그래도 삶은 계속된다』, 고즈윈.

Pekka Hämäläinen, *Lakota America*. New Haven, CT: Yale University Press, 2019. 페카 해멀라이넨은 라코타족이 아니라 핀란드인 학자로 현재 옥스퍼드 대학교의 미국사 로즈 교수다[영국의 정치가 세실 로즈(Cecil Rhodes)의 이름을 딴 교수직—옮긴이]. 방대한 분량의 학술서이지만 의외로 쉽게 읽힌다. 이 대목을 들어 보라. "1776년에 북미에서 두 나라가 태어났다. 하나는 필라델피아에서, 다른 하나는 거기서 2,700킬로미터 이상 떨어진 사우스다코타의 블랙 힐스에서 창건되었다. 정확히 한 세기 후에 두 나라는 리틀 빅혼 강가에서 무력으로 충돌했다.…서부로 진출하여 정복한 완전히 다른 두 팽창 세력의 이 충돌은 엄청난 결과를 낳았다"(p. 1). 한번 읽어 보라고 권하고 싶다.

주

1부
춥고 어두운 석 달(겨울—와니예두)

1. 땅이 굳어지는 달

1. *The Cloud of Unknowing*, with the Book of Privy Counsel, trans. Carmen Acevedo Butcher (Boston: Shambala, 2009), p. 64. 『무지의 구름』, 키아츠.
2. 같은 책, p. 36.
3. 같은 책, p. 39.
4. 같은 책, p. 41.
5. 같은 책, p. 37.
6. 같은 책, p. 40.
7. 같은 책, p. 40.
8. Rachel Donadio, "An Open Letter to Elena Ferrante-Whoever You Are", *the Atlantic*, December 2018, www.theatlantic.com/magazine/archive/2018/12/elena-ferrante-pseudonym/573952/.
9. Isaac Watts, "O God Our Help in Ages Past"(1719), https://hymnary.org/text/our_god_our_help_in_ages_past_watts.
10. 덕목의 개수에 대해 상당한 논의가 있다. 네 가지, 일곱 가지, 열두 가지 등으로 보는 견해가 있는데 나는 다음 책의 목록을 따랐다. Joseph M. Marshall III, *The Lakota Way: Stories and Lessons for Living* (New York: Viking Compass, 2002). 『바람이 너를 지나가

게 하라』, 문학의숲.

2. 추위에 나무가 부러지는 달 — 겸손

1. "12 Lakota Virtues, Essential to Balance and Happiness", *White Wolf Pack*, November 2014, www.whitewolfpack.com/2014/11/12-lakota-virtues-essential-to-balance.html.
2. Gerhard Kittel, "*tapeinos*", in *Theological Dictionary of the New Testament*, 10 vols (Grand Rapids, MI: Eerdmans, 1977). 『신약성서 신학사전』, 요단출판사.
3. Cited in André Louf, *The Way of Humility*, trans. Lawrence Cunningham, Monastic Wisdom Series 11 (Collegeville, MN: Liturgical, 2007), p. 6.
4. 같은 책, p. 7.
5. Benedictus of Nursia, *The Rule of St. Benedict* in English, ed. Timothy Fry (Collegeville, MN: Liturgical, 1982), pp. 32-38. 『성 베네딕도 규칙』, 들숨날숨.

3. 눈이 아픈 달 — 인내

1. "12 Lakota Virtues, Essential to Balance and Happiness", *White Wolf Pack*, November 2014, www.whitewolfpack.com/2014/11/12-lakota-virtues-essential-to-balance.html.
2. Dallas Willard, *The Disappearance of Moral Knowledge* (New York: Routledge, 2018).
3. John Neihardt, *Black Elk Speaks* (New York: Pocket Books, 1972), p. 40. 『검은 고라니는 말한다』, 두레.
4. C. S. Lewis, *Mere Christianity* (New York: MacMillan, 1952), p. 99. 『순전한 기독교』, 홍성사.
5. John Michael Talbot, "Come to the Quiet", *Come to the Quiet*, Sparrow, 1980.
6. David Rooks, "Breaking: Black Elk Peak Soars Above the He Sápa, No Longer Harney Peak", *Indian Country Today*, August 12, 2016.
7. Neihardt, *Black Elk Speaks*, p. 36.

| 2부
| 소생과 성장의 석 달(봄 — 웨두)

4. 오리가 돌아오는 달 — 존중

1. "12 Lakota Virtues, Essential to Balance and Happiness", *White Wolf Pack*, November 2014, www.whitewolfpack.com/2014/11/12-lakota-virtues-essential-to-balance.html.
2. Bernard of Clairvaux, *The Steps of Humility & Pride* (Trappist, KY: Cistercian, 1973), p. 30.
3. US Supreme Court, United States vs. Sioux Nation of Indians, 448, US 371 (1980), https://supreme.justia.com/cases/federal/us/448/371/.
4. Fred Barbash and Peter Elkind, "Sioux Win $105 Million", *Washington Post*, July 1, 1980, www.washingtonpost.com/archive/politics/1980/07/01/sioux-win-105-million/a595cc88-36c6-49b9-be4f-6ea3c2a8fa06/.
5. Frederic. J. Frommer, "Sioux Hold Out for Land's Return", *Seacoast Online*, August 19, 2001, www.seacoastonline.com/story/news/2001/08/19/sioux-hold-out-for-land/51294880007/.
6. Steve Young, "A Broken Treaty Haunts the Black Hills", June 27, 2001, https://lakotadakotanakotanation.org/BrokenTreaty HauntsBLACKHILLS.html.
7. Benedictus of Nursia, *The Rule of St. Benedict* in English, ed. Timothy Fry (Collegeville, MN: Liturgical, 1982), p. 32.
8. 같은 책, p. 37.
9. Bernard of Clairvaux, *The Steps of Humility*, p. 68.
10. Thomas R. Kelly, *A Testament of Devotion* (New York: Harper & Row, 1941), p. 92. 『거룩한 순종』, 생명의말씀사.
11. Bernard of Clairvaux, *The Steps of Humility*, p. 28.
12. 같은 책, p. 82.

5. 몸이 불어나는 달 — 명예

1. "12 Lakota Virtues, Essential to Balance and Happiness", *White Wolf Pack*, November 2014, www.whitewolfpack.com/2014/11/12-lakota-virtues-essential-to-balance.html.
2. "Thirteen Lakota Moons", Aktá Lakota Museum & Cultural Center, http://aktalakota.

stjo.org/site/News2?page=NewsArticle&id=8911.

3. Evagrius of Pontus, cited in Richard Foster and Gayle Beebe, *Longing for God: Seven Paths of Christian Devotion* (Downers Grove, IL: InterVarsity Press, 2009), pp. 54-64.
4. C. S. Lewis, *Mere Christianity* (New York: MacMillan, 1952), p. 94.
5. Grace Hamman, "Julian of Norwich's Children: Childhood and Meekness in A Revelation of Love", *Journal of Medieval and Early Modern Studies* 49, no. 1 (January 2019).
6. Julian of Norwich, *Showings* (New York: Paulist, 1978), pp. 295-296.『하나님 사랑의 계시』, 은성.
7. Hamman, "Julian of Norwich's Children."
8. Julian of Norwich, *Showings*, p. 302.
9. 같은 책, p. 300.

6. 푸른 잎이 돋는 달 — 사랑

1. From Joseph's speech at Lincoln Hall, Washington, DC, 1879. 조셉의 네즈퍼스어 이름은 '산자락에 울리는 우레'라는 뜻의 힌-마-투-야-라트-케크트다.
2. "12 Lakota Virtues, Essential to Balance and Happiness", *White Wolf Pack*, November 2014, www.whitewolfpack.com/2014/11/12-lakota-virtues-essential-to-balance.html.
3. Paul Brand and Philip Yancey, *Fearfully and Wonderfully: The Marvel of Bearing God's Image* (Downers Grove, IL: InterVarsity Press, 2019), p. 2.『몸이라는 선물』, 두란노.
4. 같은 책, p. 6.
5. 같은 책, p. 6.
6. John Milton, "Sonnet 19: When I Consider How My Light Is Spent", Poetry Foundation, www.poetryfoundation.org/poems/44750/sonnet-19-when-i-consider-how-my-light-is-spent.
7. Evagrius of Pontus, cited in Richard Foster and Gayle Beebe, *Longing for God: Seven Paths of Christian Devotion* (Downers Grove, IL: InterVarsity Press, 2009), p. 60.
8. George Herbert, "Colossians 3:3: Our Life Is Hid with Christ in God", in *The Temple: Poetry of George Herbert* (Brewster, MA: Paraclete, 2001), p. 81.
9. Kent Nerburn, *The Wisdom of the Native Americans* (Novato, CA: New World Library, 1999), p. 5.『그래도 삶은 계속된다』, 고즈윈.

10. Andrew Murray, *Humility: The Journey Toward Holiness* (Minneapolis: Bethany House, 2001), p. 39.

11. Julian of Norwich, *Enfolded in Love: Daily Readings with Julian of Norwich* (Minneapolis: Seabury, 1980), p. 49.

3부
따뜻한 석 달(여름―블로케두)

7. 열매가 익는 달 ― 희생

1. "12 Lakota Virtues, Essential to Balance and Happiness", *White Wolf Pack*, November 2014, www.whitewolfpack.com/2014/11/12-lakota-virtues-essential-to-balance.html.
2. Evelyn Underhill, *Essential Writings* (Ossining, NY: Orbis, 2003), pp. 39-41.
3. 같은 책, pp. 39-41.
4. 같은 책, pp. 39-41.
5. Thomas R. Kelly, *A Testament of Devotion* (New York: Harper & Row, 1941), p. 61.
6. 같은 책, p. 67.
7. "Come, Thou Fount of Every Blessing", lyrics by Robert Robinson, 1758, https://hymnary.org/text/come_thou_fount_of_every_blessing.
8. Kelly, *A Testament of Devotion*, p. 63.
9. 같은 책, p. 62.
10. 같은 책, p. 64.
11. 같은 책, p. 65.
12. Jeffrey Ostler, *The Lakotas and the Black Hills: The Struggle for Sacred Ground* (New York: Penguin, 2011).
13. Sparrow Hart, "What Is a Vision Quest?" www.sparrowhart.com/what-is-a-vision-quest/.
14. G. K. Chesterton, "A Hymn: O God of Earth and Altar", *The Society of G. K. Chesterton*, www.chesterton.org/a-hymn-o-god-of-earth-and-altar/.
15. Pekka Hämäläinen, Lakota America: A New History of Indigenous Power (New Haven,

CT: Yale University Press, 2019).

16. Joseph M. Marshall III, *The Lakota Way: Stories and Lessons for Living* (New York: Viking Compass, 2002).

8. 버찌가 검어지는 달 — 진실

1. "12 Lakota Virtues, Essential to Balance and Happiness", *White Wolf Pack*, November 2014, www.whitewolfpack.com /2014/11/12-lakota-virtues-essential-to-balance.html.
2. Joseph M. Marshall III, *The Lakota Way: Stories and Lessons for Living* (New York: Viking Compass, 2002), p. 119.
3. 같은 책, p. 121.
4. 같은 책, p. 121.
5. 같은 책, pp. 1-8.
6. 같은 책, p. 5.
7. 같은 책, p. 7.
8. 같은 책, p. 19.
9. Noah Van Niel, "Manly Virtues: Can Masculinity Be Good?" *Plough Quarterly*, Winter 2021, pp. 96-97.
10. Thomas à Kempis, *The Imitation of Christ*, trans. William C. Creasy (Macon, GA: Mercer University Press, 1989), p, 37.『그리스도를 본받아』, 브니엘.
11. W. S. Bruce, *The Formation of Christian Character: A Contribution to Christian Ethics* (Edinburgh: T&T Clark, 1908), p. 6.
12. 같은 책, p. 7.
13. 같은 책, p. 7.
14. Marshall, *The Lakota Way*, p. 202.
15. William Law, *A Serious Call to a Devout and Holy Life* (Louisville, KY: Westminster John Knox, 1955), pp. 350-351.
16. 같은 책, p. 259.

9. 수확의 달 — 연민

1. "12 Lakota Virtues, Essential to Balance and Happiness", *White Wolf Pack*, November

2014, www.whitewolfpack.com/2014/11/12-lakota-virtues-essential-to-balance.html.
2. "Come, Thou Fount of Every Blessing", lyrics by Robert Robinson, 1758, https://hymnary.org/text/come_thou_fount_of_every_blessing.
3. Paula Hurston, *The Hermits of Big Sur* (Collegeville, MN: Liturgical, 2021), p. 4.
4. Thomas R. Kelly, *A Testament of Devotion* (New York: Harper & Row, 1941), p. 62.
5. 같은 책, p. 62.
6. 같은 책, p. 63.
7. Kent Nerburn, ed., *The Wisdom of the Native Americans* (Novato, CA: New World Library, 1999), pp. 93–94.
8. Wendy Murray, "On Her Deathbed, Clare of Assisi Blessed God", *Christian Century*, July 21, 2021, www.christiancentury.org/article/reflection/her-deathbed-st-clare-assisi-blessed-god.
9. Native American Inspirational Quotes, "Sioux Proverb: Poverty Is a Noose That…", https://howtoliveonpurpose.com/8049/founders/native-americans/native-american-inspirational-quotes-poverty-is-a-noose-that/.

4부
변화의 녁 달(가을—프단예두)

10. 갈색 잎으로 물드는 달 — 용기

1. "12 Lakota Virtues, Essential to Balance and Happiness", *White Wolf Pack*, November 2014, www.whitewolfpack.com/2014/11/12-lakota-virtues-essential-to-balance.html.
2. John Michael Talbot, "The Praises of the Virtues", *Troubadour of the Great King* (Sparrow Records, 1998).
3. "A Christian Litany of Humility", attributed to Rafael Cardinal Merry del Val, "Humility Prayers", free online resource at JesuitResource.org, www.xavier.edu/jesuitresource/online-resources/prayer-index/humility, accessed May 16, 2022.
4. C. S. Lewis to Don Giovanni Calabria, March 27, 1948, *Collected Letters of C. S. Lewis*, vol. 2 (New York: HarperCollins, 2004).

5. "Dr. Charles A. Eastman Ohiyesa (The Winner): Santee Sioux", Aktá Lakota Museum & Cultural Center, http://aktalakota.stjo.org/site/News2?page=NewsArticle&id=8884. 다음 책 말미의 연보에서 발췌했다. *The Essential Charles Eastman (Ohiyesa)* (World Wisdom, 2007).
6. Kent Nerburn, *The Wisdom of the Native Americans* (Novato, CA: New World Library, 1999), p. 83.
7. 같은 책, p. 83. 이런 문제에서 내가 달라스 윌라드 박사와 특히 그의 다음 미간행 원고에 빚졌음을 밝힌다. "Studies in the Book of Apostolic Acts: Journey into the Spiritual Unknown."
8. 같은 책, p. 83.
9. 같은 책, pp. 90-92.
10. 같은 책, p. 127.

11. 바람에 잎이 지는 달 — 끈기

1. "12 Lakota Virtues, Essential to Balance and Happiness", *White Wolf Pack*, November 2014, www.whitewolfpack.com/2014/11/12-lakota-virtues-essential-to-balance.html.
2. Thomas R. Kelly, *A Testament of Devotion* (New York: Harper & Row, 1941), p. 67.
3. John Woolman, *The Journal of John Woolman and a Plea for the Poor*, John Greenleaf Whittier Edition Text (Secaucus, NJ: Citadel, 1972), p. 18. 『존 울먼의 일기』, 부글북스.
4. Andrew Murray, *Humility: The Journey Toward Holiness* (Minneapolis, MN: Bethany House, 2001), p. 21, 51, 59, 89.
5. 같은 책, p. 17.
6. 같은 책, p. 18.
7. 같은 책, p. 18.
8. 같은 책, p. 45.
9. 같은 책, p. 58.
10. 같은 책, pp. 104-105.

12. 사슴이 발정하는 달 — 아량

1. "12 Lakota Virtues, Essential to Balance and Happiness", *White Wolf Pack*, November

2014, www.whitewolfpack.com/2014/11/12-lakota-virtues-essential-to-balance.html.

2. John Woolman, *The Journal and Major Essays of John Woolman*, ed. Phillips. P. Moulton (Richmond, VA: Friends United, 1989), p. 19.
3. Pekka Hämäläinen, *Lakota America: A New History of Indigenous Power* (New Haven, CT: Yale University Press, 2019), p. 3.
4. 같은 책, p. 3. 이 주목할 만한 역사서는 분량이 530쪽으로 약간 두껍지는 하지만 흥미진진하게 읽힌다.
5. "My God, How Wonderful Thou Art", lyrics by Frederick Faber (1849), https://library.timelesstruths.org/music/My_God_How_Wonderful_Thou_Art/.
6. C. S. Lewis, *Mere Christianity* (New York: MacMillan, 1952), p. 94.
7. Catherine J. Wright, *Spiritual Practices of Jesus: Learning Simplicity, Humility, and Prayer with Luke's Earliest Readers* (Downers Grove, IL: IVP Academic, 2020).
8. François Fénelon, *Christian Perfection* (New York: Harper & Brothers, 1947), p. 205. 『그리스도인의 완전』, 브니엘.
9. Dee Brown, *Bury My Heart at Wounded Knee* (New York: Picador, 2007). 『나를 운디드니에 묻어 주오』, 한겨레출판.
10. John Neihardt, *Black Elk Speaks* (New York: Pocket Books, 1972), pp. 217-223, 230.

13. 사슴뿔이 떨어지는 달 — 지혜

1. "12 Lakota Virtues, Essential to Balance and Happiness", *White Wolf Pack*, November 2014, www.whitewolfpack.com/2014/11/12-lakota-virtues-essential-to-balance.html.
2. "On Jordan's Bank the Baptist's Cry", lyrics by Charles Coffin, https://hymnary.org/text/on_jordans_bank_the_baptists_cry.
3. "The Great Spirit Prayer", trans. Chief Yellow Lark, Atka Lakota Museum and Cultural Center, http://aktalakota.stjo.org/site/News2?page=NewsArticle&id=8580.
4. 1973년에 오글랄라 수족(族)과 아메리카 인디언 운동(AIM)이 무장 저항하여 운디드니를 포위 끝에 점령한 사건은 나도 잘 알고 있다. 결과는 엇갈렸다. 폭넓은 언론 보도를 이끌어 내 라코타족의 곤경을 알리기는 했으나 엄청난 부패와 비리 혐의를 받던 부족 대통령 리처드 윌슨을 축출하려던 핵심 목표는 이루지 못했다. 파인 리지의 부족민 사이에 잘 알려져 있던 버디 라몬트를 비롯하여 여러 사람이 투쟁 중에 목숨을 잃었다. 점령 상태는 71일

동안 이어지다가 라몬트가 죽고 난 뒤 5월 8일에 종료되었다.

5. Pekka Hämäläinen, *Lakota America: A New History of Indigenous Power* (New Haven, CT: Yale University Press, 2019), p. 392.
6. Dietrich Bonhoeffer, "My Spirit Rejoices", *The Collected Sermons of Dietrich Bonhoeffer*, ed. Isabel Best (Minneapolis: Augsburg Fortress, 2012), p. 115.
7. 같은 책, p. 118.
8. 같은 책, p. 120.

옮긴이 **윤종석**은 서강대 영어영문학과를 졸업했으며, 미국 골든게이트 침례신학교에서 교육학(M.A.)을, 트리니티 복음주의신학교에서 상담학(M.A.)을 공부했다. 옮긴 책으로는 『놀라운 하나님의 은혜?』『하나님의 음성』『교회, 나의 고민 나의 사랑』『길 위에서 하나님을 만나다』『작아서 아름다운』『용서: 은혜를 시험하는 자리』『나는 무엇을 위해 사는가』(이상 IVP), 『예수님처럼』『하나님의 모략』(이상 복있는사람), 『팀 켈러의 내가 만든 신』(두란노) 등이 있다.

겸손을 배우다

초판발행 2025년 10월 31일

지은이 리처드 포스터
옮긴이 윤종석
펴낸이 정모세

편집 이성민 이혜영 심혜인 설요한 박예찬
디자인 한현아 서린나 | 마케팅 오인표 | 영업·제작 정성운 이은주 조수영
경영지원 이혜선 이은희 | 물류 박세율 정용탁 김대훈

펴낸곳 한국기독학생회출판부 | 등록번호 제2001-000198호(1978.6.1)
주소 04031 서울시 마포구 동교로 156-10
대표 전화 (02) 337-2257 | 팩스 (02) 337-2258
영업 전화 (02) 338-2282 | 팩스 080-915-1515
홈페이지 http://www.ivp.co.kr | 이메일 ivp@ivp.co.kr
ISBN 978-89-328-2382-9

ⓒ 한국기독학생회출판부 2025

책값은 뒤표지에 있습니다.
무단 전재와 복제를 금합니다.